律己修身　垂训后世

——朱柏庐

王广成　著

古吴轩出版社
中国·苏州

图书在版编目(CIP)数据

律己修身　垂训后世：朱柏庐 / 王广成著 . —苏州：古吴轩出版社，2017.12

ISBN 978-7-5546-1080-0

Ⅰ.①律… Ⅱ.①王… Ⅲ.①朱柏庐（1617–1688）—传记Ⅳ.①K825.46

中国版本图书馆CIP数据核字（2017）第322379号

责任编辑：俞　都
装帧设计：吴　静
封面设计：吴　静
责任校对：徐小良　黄川川

书　　名	律己修身　垂训后世——朱柏庐
著　　者	王广成
出版发行	古吴轩出版社
	地址：苏州市十梓街458号　邮编：215006
	Http://www.guwuxuancbs.com　E-mail:gwxcbs@126.com
	电话：0512-65233679　传真：0512-65220750
出 版 人	钱经纬
印　　刷	苏州市越洋印刷有限公司
开　　本	889×1194　1/32
印　　张	7
版　　次	2017年12月第1版　第1次印刷
书　　号	ISBN 978-7-5546-1080-0
定　　价	48.00元

如有印装质量问题，请与印刷厂联系：0512-68180628

明清鼎革期江南士子
忠贞守节的经典人生

江苏昆山市博物馆的王广成同志多年来一直坚持研究昆山地方人物，其中最见功力的是他对明清鼎革期江南士子中以忠贞守节而称著的朱柏庐先生的系统研究。最近，他把过去的著作《治家天下——朱柏庐传》又加以资料补充和精心校勘，并拟重新出版。广成同志托朋友邀我为他的大著写序，说真的，我对明清时代的江南社会历史仅有皮毛知识，何敢写序？不过出于广成同志的真情，特别是他又在博物馆工作，与我的专业十分接近，同行之间互相支持勉励亦属应该，于是，我便答应了下来。

利用暑假机会，我通读了书稿，朱柏庐先生的形象在我面前逐渐清晰了起来。广成同志全书分为五章，前四章按照传主的人生历程——少年、青年、中年、晚年四个阶段顺序展开，最后一章对朱柏庐先生的"人品与学术"做了总结。全书的最后还附有朱柏庐先生家族世系考、朱柏庐先生年表以及全书的参考书目等。全书体例严密，资料丰富，语言鲜活，笔端还常带有感情，所以有些地方描写传主的心理活动时难免有所推测，但是这种推测是建立在大量资料基础之上的，也同样表现出广成同志的学术功力和思想境界，应该说这是一本深有质量和可读性的历史人物传记。我们经常说，博物馆具有收藏、研究、教育和文化记忆及文化传承的功能，广成同志的这本书既是昆山地方人物的重要研究成果，也是江南地域优秀文化传承的好作品，对履行博物馆的职能无疑有着积极的意义和广泛的社会价值。

我在阅读这部书稿的时候，除了充分领略到朱柏庐先生不平凡的人生业绩之外，更为注意的是书稿中展现的其他意义，大体说来有以下几点感受。

一是个人与时代的关系。朱柏庐先生是时代的产物。他十八岁之前生活于大明王朝。在明清鼎革之际，父亲朱集璜为抗拒清军的剃发令而参加昆山民众起义，失败后投河自尽，他的岳父陶琰也因抗令而自缢。他的父亲留下的绝命词是，"可质祖宗，可对天地，生无自欺，死复何愧"！他岳父的绝命词则是"生为大明人，死为大明鬼"。其实，清兵当时杀害的昆山县人多达24000多人，朱柏庐家所受死难只是众多昆山人的代表。然而，正是遭此家庭大难，可以说完全改变了朱柏庐后来的人生道路。他在十八岁以后，肉体虽然活在大清王朝，而其心灵却高悬于现实之上，他不为清朝的功名利禄而动，坚辞了叶方恒所荐康熙十七年（1678）博学鸿词科的考试，也推拒了地方上担任乡饮大宾的邀请，只愿意尽一份养母守孝、护持家人的责任而终身隐居教授学子，同时默默从事理学研究，以传承华夏文脉。他以一生的忠贞，在明清易代的时代巨变中坚守和践行着自己内心的价值取向，即他在"自传"中表明的"忠诚，信用，以作伪为耻"的心迹。作为个体，应该说他的人生首先是时代铸就的，不了解他生存的那个时代，是无法理解朱柏庐先生的。当然，朱柏庐先生不是一个不通世情的人，他教学刻苦认真，培养的学生中也有多人参加大清王朝的科举考试并且获得成功，这表明他把坚守道义节操严格限定于个人，绝不去干涉他人的人生选择，体现了高尚的人格自律。

二是江南地域社会对个人的影响。清兵南下时，抵抗最烈、受难最重的是以扬州、江阴、昆山、嘉定等为代表的江南人民,烈士们为抗拒清兵的野蛮侵略可谓牺牲惨重,血流成河。值得注意的是,不仅在江南本土,连江南地区在外任职的诸多官员也甘为国家慷慨赴难,如昆山人顾咸建,时任杭州府钱塘县令,因清兵攻下杭州后坚决不投降而殉国;昆山人胡甲桂任广信同知,也拒不降清自缢而亡;昆山人夏万亨官任江西布政使,亦于建昌殉国,全家赴死者达20多人等。江南地区自南宋开始,即为华夏文化保存最深厚之地,加之受理学浸染深厚,人们对传统文化的坚守和对国家忠诚的意识特别强烈,对清军入侵与民族压迫反抗尤剧。值得注意的是,即使是清朝统治稳定之后,如朱柏庐先生这样以大明遗民的身份拒绝功名、隐身乡野的士子也不在少数,如与朱柏庐先生长期保持交游的江南士人就有徐昭法、葛瑞五、李映碧、杨无咎、张应宿、葛芝、夏景初、金孝章、徐开任、戴笠、徐瞻民等,这些饱读诗书的士子,在大清王朝的专制统治下都能够保持气节,忠诚于自己的内心选择,终身甘以隐民和布衣自居,宁愿过着俭朴贫困的生活,坚决不仕新朝。这种现象不独昆山出现,在整个江南地区也较普遍,清代江南地域这种文化现象实际上是非常值得研究的问题,本书可以说提供了一个生动的案例。

第三是家学传统对个人的重要作用。据广成同志考证,朱柏庐先生的家族起源可追溯到唐代咸亨年间,远祖朱仁轨初在亳州(今安徽亳州市),五代时迁居睢阳(今河南商丘市),朱子荣是迁居苏州的始祖,而他正是因女真兵南下而渡江迁居江南。朱子荣之后,在昆山的朱门一支讲求诗书传家,先后有多位优秀人物出现,他们或在朝廷担任要职,或在乡里教授诸生,均讲求忠直仁厚,清修苦节,孝顺友好,从而发展成为昆山著名的望族。到朱柏庐先生父辈,则主要以教书为业,虽属寒士,但其道德修为仍被乡里推重,堪称仪表。如果以实际生活状态而论,到朱柏庐先生这一代，由于明清易代的深重灾难，朱家其实已经是生活艰苦，门庭衰弱，然而，朱柏庐先生秉承父亲遗训和家学传统，将家仇国恨与深厚的优良家风相结合，在教书育人、理学研究、著书立说等方面仍然取得了重要成就，其中特别是他总结的《朱子家训》（一称《朱柏庐治家格言》）在中国影响广泛而深远，这表明朱柏庐先生的成就也是其美好家风凝聚起的结晶。

至于朱柏庐先生一生中许多闪光的篇章，广成同志在书中都有具体而生动的描述。通读本书，不仅让我们了解到朱柏庐这位昆山先贤平凡而精彩的生命历程，而且也能观察到昆山乃至江南地域传统文化的醇美与深厚，从而更加激发起我们在今天传承弘扬优秀民族传统文化和建设社会主义新文化的自信和自觉。

是为序！

2017年8月26日
于南京大学仙林校区历史学院楼

目 录

明清鼎革期江南士子忠贞守节的经典人生……………贺云翔

第一章 生活优越的少年

乡情孕育……………………………………………… 003
忧患激励……………………………………………… 008
家风熏陶……………………………………………… 012
父亲启蒙……………………………………………… 015
娶得贤妻……………………………………………… 018
进入清朝……………………………………………… 021

第二章 哀毁过度的青年

融入起义……………………………………………… 027
加入守城……………………………………………… 030
寄托字号……………………………………………… 034
问学夏师……………………………………………… 037
初为塾师……………………………………………… 040
寿巨涛伯……………………………………………… 043

葬朱节孝	046
祭陶仁节	050
关爱弟弟	054
崭露头角	057

第三章　坚贞不屈的中年

撰《毋欺录》	063
吊陆孝子	067
修身洁行	070
奉养母亲	073
坐馆叶家	077
理学辩论	081
复《五老图》	085
拒绝科举	089
半茧听松	093
自传明志	096

第四章　勤苦守节的晚年

东山教读	101
爱妻去世	105
置购义田	109
莫厘登高	112
教育醇叔	116
畅游西山	120
别立讲约	126
孟春释菜	130
七十大寿	134

临终嘱托……………………………………………… 137

第五章　万世敬仰的人品与学术

三贤祠考……………………………………………… 143
遗民朋友……………………………………………… 147
众多弟子……………………………………………… 153
著述等身……………………………………………… 159
《朱子家训》………………………………………… 164
理学思想……………………………………………… 168
育人思想……………………………………………… 173

附　录

朱柏庐家族世系考…………………………………… 181
朱柏庐先生年表……………………………………… 192
参考书目……………………………………………… 210

后　记………………………………………………… 213

第一章
生活优越的少年

"玉峰朱氏"是昆山望族之一,其家族有数百年的历史。朱柏庐先生出身于一个世代业儒的家庭,祖父朱家佐以教书为业,父亲朱集璜先后教授数百名学生,全家生活无虞。作为家中的长子,他的生活优越。然而,朱柏庐先生的成长却深受江南的地理环境、当时的政治局势、家族的文化传统等方面的影响。

朱柏庐先生像

乡情孕育

明朝末年,中原大乱。由于昆山地处长江以南,战火还没有蔓延到此处。公元1627年5月29日,本书的主人公朱柏庐先生在南直隶苏州府昆山县玉山镇通阛桥东面集街之上的观复堂出生了。玉山镇地处江南水乡,具有悠久的历史和深厚的文化底蕴。俗话说,"一方水土养一方人",那么,先生到底生活在什么样的地理环境中呢?

"上有天堂,下有苏杭"。在被誉为"天堂"的苏州东部,有号称"鱼米之乡"的江南名城昆山。昆山的治所玉山镇是一座千年古镇,这是江南乃至全国都有名气的城镇,号称"华夏第一镇"。在历史上,这里物产丰富,商业发达,人文荟萃,可以说是整个昆山最繁华的地方。

在史前文化时期,玉山镇就有人类居住。到目前为止,先后发现多处史前文化遗址,主要有东河村、荣庄、红峰村、庙墩等处遗址。东河村遗址为马家浜文化、崧泽文化和良渚文化遗址;荣庄遗址为青莲岗文化和良渚文化遗址;红峰村遗址,又称玉峰遗址,为马家浜文化、崧泽文化和良渚文化遗址;庙墩遗址为良渚文化遗址。

远在春秋时期,在现在的昆山市血防站和昆山市第一人民医院一带,吴王寿梦曾修筑了东城,又名娄城。这个古城建筑的年代是公元前585—公元前561年,有范成大的《吴郡志》为证。同一时期，在目前昆山市农机厂一带，传说为吴王豢养和狩猎鹿的苑囿，因此，玉山镇也被称为"鹿城"。

玉山镇自唐代就有土城。在唐天宝十年（751），昆山县治从现在的上海市松江区境内的小昆山迁移到马鞍山南，并修筑了土城。在唐光化元年（898）三月，淮南杨行密派将领秦裴带领三千人的军队攻占昆山县城并驻扎下来镇守该地。九月，吴越将领顾全武率领一万大军攻打昆山，因屡攻不下，就引娄江水灌城，该城池毁坏，加上食物吃光，于是秦裴投降了吴越。宋代改用栅栏做城墙，南北两栅仅长1000米。元延祐元年（1314），迁徙昆山州治于太仓，至正十二年（1352）闰三月，浙江海寇方国珍攻占太仓，劫掠昆山，后来离去。至正十六年（1356），方国珍卷土重来。为了避免海寇的侵扰，知州费复初又把州治迁回昆山。至正十七年（1357），费复初开始修筑土城，他带领军民修筑城池，东起城河，西起仓基河，南起正阳桥，北至马鞍山北麓，基本奠定了昆山城的规模。该城周围二千三百九十九丈，墙高一丈八尺；城外壕沟长二千三百五十九丈，深六丈，宽六丈；设有东、南、西、北、东南、西南六门。明朝弘治四年（1491），知县杨子器在土城上建筑了城楼，东门叫宾曦，西门叫留晖，南门叫朝阳，北门叫拱辰，东南叫迎薰，西南叫丽泽。

昆山砖城的修筑是在明嘉靖年间。嘉靖五年（1526），由于昆山濒临大海、地势重要、寇盗多发、百姓惊恐等，作为本县人的副都御史周伦上疏皇帝，请求修筑砖城。根据昆山人方鹏所作《筑城记略》和顾鼎臣的《代工部复筑造城垣疏》等资料可知：当时，首先是地方大员巡按御史陈蕙、巡抚欧阳铎相继提请改筑砖城，后由顾鼎臣代替工部奏请朝廷将土城改为砖筑。后来，巡按御史陈蕙、巡抚欧阳铎、郡守王仪率先在昆山修筑了砖城。在嘉靖十八年（1539）二月开始建造，嘉靖十九年（1540）五月完工，重新建造了宾曦、迎薰、朝阳、丽泽、留晖、拱辰等六个城门，增设了五座水关。该城周围二千三百八十七丈，城高二丈八尺，城宽一丈四尺，总共有四千五百八十七垛雉堞。城外壕沟还和原来一样。明嘉靖三十三年（1554），倭寇掩杀到昆山，乡下的百姓撤退到城中，生命得以保全。知县祝乾寿带领大家守卫了两个月，倭寇见久攻不下，于是就撤退了。

在昆山城内有一座山的形状很像马鞍，因此该山被称为马鞍山，别称"玉峰"或"玉山"，这也是玉山镇得名的原因。此山高约82米，盛产被誉为"昆山三宝"之一的昆石。昆石玲珑剔透，洁白如玉。因此，昆石受到历代文人墨客的吟咏。著名的南宋诗人陆游写道："燕山菖蒲昆山石，一拳突兀千金值。"可见昆石不愧是"昆山三宝"的第一宝，与灵璧石、太湖石、英石同列"中国四大名石"，还与太湖石、雨花石一起被称为"江苏三大名石"。确实是名副其实的天下奇石。

这座马鞍山不仅盛产昆石，还是历代游览胜地。山上山下有着丰富的古迹，山的北面有一座非常美丽的遂园，它最初的名字叫"附巢山园"。根据史料记载，作为园林，它最早的主人是顾震寰，字附巢。后被葛芝的祖父葛锡璠所买，被改称为"北园"。葛锡璠，字中恬，号鲁生，万历丁酉（1597），年十九，举于乡，辛丑（1601）成为进士。此后李氏成为此园的主人，再后来被葛芝的朋友徐开任所购。从葛氏到李氏再到徐氏，三十年间三易其主。徐开任，字季重，为诸生时即有文略。明朝灭亡后，闭门著书，主要著作有《明名臣言行录》。葛芝在《徐氏园亭记》中盛赞北园美景，"从园而望，山环抱焉，岩石峻乎，草树幽邃，至是有加盖昆山之胜于斯为最已"。

遂园之名始于昆山徐乾学。徐乾学字原一，号健庵，又号东海，徐开法长子。顺治十一年（1654）他由府学生员拔为贡生，后在康熙九年（1670）会试中高中探花，先后历任编修、左赞善、侍讲学士、内阁学士、礼部侍郎、左都御使、刑部尚书等职。他从堂叔徐开任手中购得此园，正式取名为"遂园"。在清康熙三十三年（1694）三月三日（3月28日），他在马鞍山北麓的遂园里举办了一次耆年之会。

康熙四十四年（1705）春天，康熙皇帝南巡，来到遂园，徐秉义率领幼弟和儿子、侄子迎接。康熙皇帝亲切地询问了每个人的情况，寄托了对徐氏兄弟的思念之情。现在的遂园已成为昆山市民和外地游客赏梅的佳处。

在昆山城内还有一座历经四代，前后接近二百余年的茧园。茧园原名春玉圃，最初开辟者是叶恭焕，在昆山城的东南部。叶恭焕，字伯寅，号括苍山人，叶盛五世孙，嘉靖丙午（1546）举人。他建有箖竹堂，藏书万余卷，并在住宅的东面作茧园。

后来，他的孙子叶国华把春玉圃扩地二十余亩，使全园占地面积达六十余亩，更名"茧园"。叶国华（1584—1669），字德荣，号白泉，叶盛七世孙。他曾居住在位于玉山镇东城桥附近的祖宅箖竹堂，并在城东南部开辟茧园。他小的时候很聪颖，与弟弟叶重华并称"东城二叶"。万历四十三年（1615）中举人，授定海县教谕，入为国子监助教。升刑部主事，因"提牢案"被免官，后来得到平反，改工部都水司主事，到杭州南关主管榷关，明朝灭亡后回归故里，专门从事诗文创作，死后葬在周墅。

据记载，茧园内除池沼山石外，还有大云堂、据梧轩、樾阁、霞笠烟鬟榭、小有堂、唐亭、绿天径、梅花馆、春及轩诸胜。明崇祯八年（1635），园中曾掘得一泉，味甘色白，因此命名为"白泉"。园中曲栏长廊，错落有致，花木扶疏，池水回绕，亭榭掩映，虽由人作，宛自天然。园内"石栏绕曲径，春水漾方塘"，时为江南名园之一，堪与太仓南园、南翔古漪园相媲美。清朝初年，茧园一分为三，分给叶奕苞兄弟三个。叶奕苞（1629—1686），又一名奕包，字九来，号凤雏，又号半园、笨庵、二泉居士、群玉山樵。他是叶国华次子，叶方蔼的堂弟。年少时拜同县葛芝（1619—?）、叶宏儒（1619—1675）为师，康熙十七年（1678），叶奕苞以太学生身份被荐博学鸿词科，北上赴试。康熙十八年（1679）参加考试，落选。后隐居不仕，修葺半茧园。与名流姜宸英、施闰章、陈维崧及同乡归庄、徐开任等，留连觞咏，极一时之盛。为人磊砢善使气，目光若闪电，酒间谈说，声如洪钟，颇有狂名。与人相交，毫不吝啬，曾欲赠予其贫穷的朋友张恕五十亩良田。他还热心地方公益事业，康熙十二年（1673）修通济桥。

叶奕苞把分得的茧园，重新修整，并增加春及轩。他为自己的园林取名"半茧园"，每天在园中读书作诗。除了半茧园，他还和徐开任、太仓吴扶风一起在马鞍山的西面构建了"三友园"。

明末清初的时候，昆山城内最繁华的地方是东塘街和西塘街。因濒临至和塘而交通便利，名门望族特别喜欢居住在这个地方。徐乾学的尚书第建在半山桥西面的西塘街上，有"冠山堂""传是楼"等建筑，其中传是楼藏书非常丰富，后面有园名叫"憺园"，园中建怡颜堂、看云亭等名胜，其右面又有青林堂。徐秉义的住宅在东塘街富春桥的西面，内有"培林堂"，堂后有"耘圃"。圃内有"玉山草堂""桂花厅"等胜迹。乾隆初年，因儿子亏空公帑，后为道光时期著名的诗人龚自珍所购买，取名羽琌山馆。徐元文的大学士宅第在半山桥东塘街，原是布政使张鲁唯的旧宅，内有"有庆堂"和"含经堂"，乾隆末年坍废；宅后为得树园，园中有一株千年古樟树。树干巨大，与园墙相连，因此给园取名"得树园"，书屋取名"古樟"。嘉庆年间，园为沈氏家祠。

这就是朱柏庐先生曾经生活过的昆山古城。

律己修身 垂训后世

忧患激励

在朱柏庐先生出生的时候,大明王朝的国势已经开始衰微,内忧外患日趋严重。虽然张居正的一系列改革措施,曾经使明王朝摆脱了日趋严重的经济危机,并且一度出现"万历中兴"的局面,但随着张居正的去世,改革也被废除。在建立自己的独裁统治之后,万历皇帝开始不理国政,三十年不上朝,只在1615年勉强到金銮殿上亮了一次相。当时,许多朝臣都没见过皇帝一面。万历皇帝的长期消极怠工致使明朝国力衰退,政治黑暗,相继出现了号称明末三大疑案的"梃击案""红丸案""移宫案"。

同时,朝廷内部的党争加剧。万历三十二年(1604),被革职还乡的顾宪成与高攀龙、钱一本、薛敷教、史梦麟、于孔兼及顾允成等人在无锡东林书院讲学,议论政治,由此形成了以他们为核心的东林派。随着东林派社会影响的扩大,"三吴士绅"、在朝在野的各政治代表人物、东南城市势力、某些地方实力派等,一时都聚集在以东林书院为中心的东林派周围,形成了在朝廷上有很大影响力的东林党人。当时,还出现了东林党的主要对立面——齐、楚、浙等党。万历后期,双方以争国本(万历年间围绕皇位继承展开的争论,国本即太子)为首,以三案为余波,互相进攻,一刻也不停息。

太子朱常洛即位仅一个月就去世了,由其皇长子朱由校即位,这就是明熹宗,在他当皇帝期间形成了明朝历史上宦官势力最大的阉党。阉党的首领是魏忠贤,齐楚浙诸党争相依附他,阉党对东林党人实行血腥镇压。从此,朝廷内部的党争日趋激烈。东林党与阉党和齐楚浙诸党的斗争进一步造成了明朝内部的混乱。大批的官员卷入党派之争,降低了朝廷的行政效率,党派之间的互相斗争导致一批又一批的官员被杀,损失了大量业务熟练的官员。所有这一切加剧了大明王朝的内忧。

明朝末年正值气候异常的"小冰河期",导致全国各地基本上年年都有自然灾害,粮食歉收。频繁的粮食歉收造成了大量的饥民和朝廷赋税的无法按时征收,饥民为活命时有农民起义爆发。天启二年(1622),在山东和河北爆发了徐鸿儒、于弘志的白莲教起义,历时半年之久。天启七年(1627),陕北灾荒严重,而官府催课如故,激起农民的反抗,爆发了王二起义,从此揭开了陕北农民起义的序幕。崇祯元年(1628),府谷王嘉胤、宜川王左挂、安塞高迎祥、汉南王大梁等,相继举起义旗,张献忠也在延安米脂起义。此后,饥饿的士兵、裁撤的驿卒等纷纷参加了起义军。自崇祯元年至崇祯三年,陕北各地的暴动此伏彼起,势若燎原烈火。最初,各支农民起义部队虽然发展迅速,但彼此之间缺乏联系,一般都是各自为战。崇祯三年(1630)以后,农民起义已波及陕西几十个县,这种快速发展的农民起义引起了明朝廷的担忧。于是,三边总督杨鹤执行以抚为主、以剿为辅的政策,企图瓦解农民革命,并收到了较好的效果。很快,陕西境内的农民起义军相继接受招安。没有接受招安的王嘉胤率军入山西,起义中心转移到了山西。崇祯四年(1631)六月,王嘉胤在山西阳城被明军杀害。后来,王自用被王嘉胤的余部推举为首领,他联合"老回回"、"曹操"、"八金刚"、"扫地王"、"射塌天"、"阎正虎"、"满天星"、"破甲锥"、高迎祥、张献忠、罗汝才等部共三十六营,人马二十多万,这标志着农民起义军由分散状态进入协同作战阶段。由于没有完成崇祯皇帝交给的任务,主抚派杨鹤下台,由洪承畴继任三边总督。洪承畴采用军事围剿的手段进行镇压,大多数农民起义首领被杀，张献忠、高迎祥和李自成等展开运动战。在崇祯九年（1636）七月，高迎祥被陕西巡抚孙传庭活捉，解送北京，被凌迟处死。此后，李自成接过"闯王"的大旗。这时和明军作战的农民军主要是李自成和张献忠两部。崇祯十七年（1644），李自成在西安建立"大顺"政权。同年，张献忠在四川成都建立"大西"政权。

除了要面临内部的"党争"和农民起义之外，在外部明朝还面临着倭寇侵扰和东北满族的兴起。

万历二十年（1592），日本派军入侵朝鲜。因中国是朝鲜的宗主国，所以明王朝派遣军队进入朝鲜与日军作战。这场战争被称为"万历朝鲜战争"，又叫"朝鲜壬辰卫国战争"，与"宁夏之役""播州之役"合称"万历三大征"。这场战争打打停停，一共进行了八年，明军最终取得了胜利，但明朝的人力、物力因此遭受了巨大损失。明朝老将邓子龙也在战争中壮烈牺牲。此后，在东南沿海的小规模倭寇侵扰仍然是让明朝皇帝头疼的问题。

而在中国的东北方，满洲正在兴起，逐渐成为明朝的边患。由于明军对满洲采取屠杀的政策，在万历十一年（1583）五月，努尔哈赤以甲十三副、部众三十人起兵为祖父觉昌安、父亲塔克世报仇。他首先征讨帮助明军杀害他祖父和父亲的尼堪外兰部，袭占了图伦城，缴获甲胄三十套，俘虏降卒百余人。由于采取了一系列正确的方针和政策，努尔哈赤先后打败和征服了叶赫、哈达、辉发、乌拉等部，逐渐统一了女真各部。万历四十四年（1616）正月的除夕，努尔哈赤在赫图阿拉举行开国登基大典，自称"覆育列国英明汗"（简称"英明汗"），定国号为后金，建元"天命"。一个辖地数千里、臣民数十万的强大的后金国，出现在了中国的东北地区。明万历四十六年（1618）四月十三日，努尔哈赤以"七大恨"呈告皇天，声讨明朝的过错，发军征伐明朝。明万历四十六年四月十五日，后金军到达抚顺，守城将领李永芳出城投降。此后，抚顺的东州、玛根、丹城三座城池以及五百多处台、堡、寨都被攻下。七月，后金军又攻克了清河堡城。万历四十七年

（1619）二月，杨镐在辽阳誓师出征后金军，兵分四路。三月，明军在萨尔浒之战中惨败。从此之后，后金军获得了主动权，人心振奋，器械充足，战马成群，军威远扬，而明朝则君臣惊恐，官兵畏战，人畜火器等损失巨大，士无斗志，陷入了被动困窘的逆境。

明天启元年（1621）三月，努尔哈赤亲率大军攻占沈阳、辽阳。四月，努尔哈赤把都城迁到了辽阳。努尔哈赤的这一决策，对促进后金的发展起了重大作用。明天启六年（1626）正月，后金皇帝努尔哈赤在进攻宁远时被西洋大炮炸成重伤。八月，他死在回沈阳的路上，由第八子皇太极继承皇位。皇太极九月即位，改明年为天聪元年。他即位后，先后发兵进攻锦州、宁远，受挫后，又发动了"入口之战"，进一步削弱了明王朝的实力。明崇祯九年（1636）四月，皇太极改国号为"大清"，改年号为"崇德"。

当时，战争主要发生在北方，长江以南还没有受到战火的影响。然而，江南却也面临着水旱灾害和加赋的问题。万历十九年（1591），因"朝鲜壬辰卫国战争"，每亩土地增加用于兵饷的银子三厘；万历四十六年（1618），每亩土地增加用于边饷的银子三厘五毫，四十八年（1620），户部又增加三厘五毫银子，工部增加二厘银子，合计每亩增加九厘银子；天启四年（1624），加派辽粮，每征供一石，加征一斗五升。同时，每征米一石，耗米要一斗五升；崇祯十二年（1639），又加增八升辽粮，崇祯十三年（1640），于八升外再加一斗五升耗粮；崇祯十三年（1640），为镇压农民起义而训练边防军，每亩土地增加用于练饷的银子三分，至崇祯十五年开始免征。

明末党争削弱了政府的统治力，农民起义削弱了明王朝的实力，后金军队的进攻进一步削弱了明王朝的实力，增加的"辽饷""剿饷""练饷"增加了人民的负担，时而遭到人民的反抗。这些矛盾交织在一起，明朝国势日下。就是在这样的时代背景下，朱柏庐先生出生并成长了起来。

家风熏陶

"玉峰朱氏"是昆山望族之一,其家族具有数百年的历史。在发展的过程中,形成了其家族独特的家风和家学。朱柏庐先生深受玉峰朱氏的家风和家学的影响。

一、玉峰朱氏的家风

所谓家风就是指家族的传统、规范和习俗。玉峰朱氏的家风主要是忠于国家、气节高尚、淡泊名利等。

最显著的具有忠于国家理念的朱姓家族成员是朱集璜。当南京被清军攻占之后,在弘光乙酉年(1645)六月,归庄等发动了昆山起义,推举明朝的老将王佐才守卫昆山城,朱集璜等共同举兵帮助王佐才守城。当昆山县城被攻占之后,他把绝命词写在衣服上,绝命词的内容是:"可质祖宗,可对天地,生无自欺,死复何愧!"然后投东禅寺后河自杀而死。他的学生孙道民、张谦同日殉难,其余一同牺牲的有五十余人。朱氏家族成员的忠于国家还表现在关心国事大事,坚持真理上。吴郡昆山的始祖朱子荣,因上书地方官述说政治而被授予从政郎、江州文学;其子朱大有,因得罪贾似道,被诬陷入狱,家产被没收,人被流放到淮西;洪武年间,朱吉被荐授户科给事中,当看到皇帝朱元璋要处死无辜的老百姓时,他就上疏皇帝,皇上听从了他的建议。嘉靖十六年(1537),朱希周任礼部右侍郎,与昆山同乡毛澄同在朝廷。当时朝廷上有

"大礼议"之争，他数次偕同毛澄、张一鹏等抗疏争议；朱柏庐先生的父亲朱集璜多次向地方上的官员上书，为民请命。在他的文集《观复堂稿略》中有《与高水丞》《乞免昆邑代兑书》《再上巡方书》《上陈默庵郡侯》《再上陈郡侯》《上抚军留默庵陈郡伯》《与蔡华夫邑侯》《致万邑侯允康》等文章为证。"家事，国事，天下事，事事关心"，这句话用在玉峰朱氏身上十分恰当。

朱氏家族大多有着高尚的气节。如朱吉把圣贤作为自己学习的老师，平时谨言慎行，待人处事表里如一；其子朱定安被本乡叶文庄公称赞为"清修苦节，不坠家声"；其孙子朱夏忠厚、严谨，不乱交朋友，"刻志励行，负气高节，有祖父家风"；朱柏庐先生的父亲朱集璜的气节更是动人心弦，即使牺牲生命，也不向清军投降。

淡泊名利也是朱氏家族的特点。朱泰安在家居住时，即使有人告诉他官府中有名有利的事情，他也默不作声，就好像没听见一样。他逍遥终身，不谈官府事务。朱寿在父亲死后，用尽自己的财物来独力埋葬，不和其他兄弟计较；在旅馆住宿时，老板多找了十两银子，他发现后马上送还店主。朱希周在家居住期间，更加廉洁，门生故吏赠送的东西，一概不接受，居住的房间空空荡荡。他不喜欢置办产业，不养姬妾。

二、玉峰朱氏的家学

所谓家学就是家族世代相传之学。

玉峰朱氏的一个显著特点就是以文学传家。玉峰朱氏是一个典型的江南文化望族，家族世代以儒学为业。其家族从朱子荣开始，就爱好学习儒学，此后直到第十三世朱集璜都是如此。朱氏家族的人或者出仕为官，或者隐居教书，是时代的精英之才。朱德润著有《存复斋集》十卷，附一卷。朱吉著有《三畏斋稿》四卷和《五斋集诗纂》。朱夏喜欢作诗，著作《家乘十卷》，还著有《勉斋稿》行世，并重新编写了朱德润的《存复斋集》。朱永安"博学工诗，为文专主性理"。朱希周曾经参加纂修《通鉴纂要》《孝庙实录》，著有《恭靖公集》和《明伦大典》二十四卷；另外，还给王诂、柴奇、柴太、朱希召、朱希吕、朱希皋等写了墓志铭。朱希颜曾详细考订《朱氏家谱》。朱集璜的著作有《观复堂稿》二十卷、《山行日记》一卷。朱柏庐先生著有《删补易经蒙引》十二卷、《愧讷集》十二卷、《毋欺录》三卷、《柏庐外集》四卷、《未刻文稿》三卷、《春秋五传酌解》《四书讲义》《困衡录》《朱柏庐先生治家格言》(《朱子家训》)等。

　　玉峰朱氏的另一个显著特点就是以艺术传家。自朱德润成为书画名家，以后代有人出。朱德润从小就诗文工整，精通书画。元朝元祐末年，他被赵孟頫举荐为国史编修，英宗时授官镇东儒学提举；至正年间，他被起用为浙省平章参谋、长兴太守。所到过的地方，他都留下好的名声，又因为书画而闻名天下。有《秀野轩图》《林下鸣琴图》《松溪放艇图》等传世；朱吉因擅长书法而改为中书舍人，升迁为侍书，在皇帝身边度过的时间有十年之久。在他退休回家时，随身携带的箱子中仅有法书和名画。在回家的路上，他遇到一个老朋友因欠租而抵罪，就把法书和名画卖掉帮他偿还。朱夏尤其精通书法，购买了很多先世的手泽以及书法、名画等。朱定安精通楷书，尤其精通古篆，很得周伯琦的笔法。朱永安擅长草书，得晋人笔法。他还购买了很多古今书籍，有空的时候，他就焚香和鼓琴。

　　玉峰朱氏的家风有利于家学的发展，同时家学更促进了家风。在两者中，更重要的是家风，因为没有良好的家风，则很难有流传千古的家学。从六岁开始，父亲朱集璜就成为朱柏庐先生的启蒙教师，父亲朱集璜不屈而死激励了朱柏庐先生。从某种意义上说，正是玉峰朱氏的家风和家学影响了朱柏庐先生的一生，造就了朱柏庐先生的人品和学问，使之成为"昆山三贤"之一。

父亲启蒙

明天启七年（1627）的四月十五日（5月29日），在苏州府昆山县玉山镇通阛桥东面的观复堂中，一个婴儿出生了。他的啼哭声显得不同于一般的婴儿，他的双手在用力摆动，他的双脚在用力后蹬，仿佛永远不会屈服，这个婴儿就是朱柏庐先生。柏庐是先生的号，先生名用纯，字致一。这是先生的父亲朱集璜给他起的名字。当时，朱集璜已经三十一岁，对于一位年过而立之年的父亲来说，这个婴儿的到来是一件多么可喜的事情啊！先生的祖父家佐，被尊称为筑岩公，一生以塾师为业，勤于教学。祖父在攒下一笔钱财后，就在昆山城内通阛桥东购买了一处住所。通阛桥在天区三图茅家桥的南面，贵德坊的西面，是洪武十五年（1382）时史子明修建的。从筑岩公时起朱家迁居昆山城内通阛桥东。筑岩公生有两个儿子，一子名叫集璜，一子名叫球。因为长孙的降生，筑岩公乐得嘴都合不拢，整日笑呵呵的。他想抱孙子已经很久了，如今，儿媳妇陶氏给他生了个孙子，他怎么能不高兴呢？他的夫人归氏则在忙忙碌碌地招待前来探视的邻居和亲戚。归家也是昆山的名门望族之一，从城武公而下有归有光、归子慕等明贤。归氏很有家教，对待自己的公公审理公和婆婆夏氏很是孝顺，不失养育。在筑岩公外出远行时，她一个人带着五六岁的儿子朱集璜居住在穷乡僻壤之中，勤于纺织。虽然那时日子很贫困，但她一点也没减少对朱氏祖先的祭祀。她对儿子朱集璜每以朱氏先世事迹进行教导和勉励,与亲戚相处很是和谐,邻里和亲戚都称赞她很贤惠。她经常教诲朱集璜兄弟俩的言行要符合诗书大范,有时还拿归有光和归季思两位先生的事迹来激励朱集璜两兄弟。自从长孙朱用纯出生后,一家人开始忙碌起来。朱集璜则忙于塾师工作。随着儿子慢慢长大,他在闲暇之余,开始教儿子识字。

时间过得很快,一晃十年过去了,朱柏庐先生到了正式启蒙的年龄。就在这时,徐汧邀请朱集璜到吴趋里家中教表侄徐枋读书。徐汧(1597—1645),字九一,号勿斋,长洲人。他还未出生父亲就去世了,但由于刻苦学习,在崇祯元年(1628)中进士,改庶吉士。后来,朝廷授他翰林院检讨的官职,历官右庶子、少詹事。朱集璜的表侄徐枋此时十六岁,因上年请的郑士敬先生家中有事不能处馆,徐汧于是邀请表哥朱集璜前来教授自己儿子。徐汧的母亲是朱集璜的姑母,两家是至亲。把儿子交给学识渊博的表哥,徐汧出外做官也就可以放心了。

春节过后不久,朱集璜带着长子朱用纯从昆山出发了。陶氏为儿子做了新衣服,朱用纯浑身上下穿戴整齐。在码头上,陶氏反复叮嘱丈夫在外面要注意身体,一次次告诫用纯要听父亲的话,要认真跟父亲读书,到了表叔家不要调皮,等等。朱集璜和儿子朱用纯与陶氏依依惜别,然后慢慢走进小船中。

从昆山城到苏州最近的水路是娄江。娄江具有悠久的历史,又名至和塘,早在北宋年间就开始修建。北宋至和二年(1055),苏州知府吕居简、知县钱纪一起计划修建昆山塘事宜,昆山主簿邱与权承担修筑自娄门至昆山六十里的责任。因修建时的年号是"至和",所以取名叫至和塘。小船载着父子两人和随身携带的包裹,平稳地向前驶去。用纯的心跳得飞快,他的心好像已经飞到了苏州,这还是父亲第一次带他到苏州去。之前只是听父亲说过苏州很大很大,苏州到底是什么样子的呢?向娄江两边望去,是崇祯十年(1637)巡抚张国维刚刚修过的至和塘。

晚上,小船终于到了苏州的码头。徐汧的宅第在吴趋里。虽然吴趋里是苏州非常繁华的地方,但越走向徐汧的住宅,喧闹的声音就越远去。朱集璜上前叩门,很快就有人前来开门。前来开门的是徐枋的书童,和徐枋差不多的年龄。他手里打着个灯笼,借着灯笼的光亮,他看到来人正是老爷的表兄,急忙让他们进门。他一边在前面带路,一边说:"夫人和少爷天天盼望你们呢,现在正在吃饭呢,你们来得正好。"父子二人来到客厅,徐枋看到老师十分高兴,急忙让书童给他们打水洗脸。不久,两人就坐在饭桌上。几个人边吃边谈。

第二天早上,朱集璜把儿子叫醒。儿子比徐枋小五岁,今年已经十一岁了,也到了上学的年龄。可是,为了养家糊口,朱集璜不得不四处教书谋生。虽然他有时在家,可是只能偶尔教儿子读书认字。这次把儿子带在身边,就是要给儿子正式启蒙,为以后的学习打下基础。这是因为,重视教育已经成为昆山的社会风俗。明朝昆山人归有光说:"吴为人材渊薮,文字之盛,甲于天下。其人耻为他业,自髫龀以上皆能诵习,举子应主司之试,居庠校中有白首不自已者。江以南,其俗尽然。"清江宁巡抚汤斌疏言:"吴中风俗,尚气节,重文章。"而嘉靖《昆山县志》中也说:"家知读书,人知尚礼。"在这样的一个社会环境下,朱集璜重视儿子的启蒙教育也是受社会风俗的影响。朱用纯在此之前,只是偶尔读书识字,但正式启蒙却是在长洲徐汧家。朱集璜使用的启蒙教材是朱熹的《小学》,朱熹是南宋徽州婺源(今属江西省婺源县)人,十九岁进士及第。他曾任南宋荆湖南路安抚使,官至宝文阁待制。他在做官时,申明皇帝的敕令,惩罚奸诈的官吏,治理的成绩非常显赫。他还是南宋著名的思想家、哲学家、教育家和诗人,朱熹非常注重启蒙教育,曾编有《小学》,主要是教初学者礼乐射御书数和孝悌忠信等。

自从到徐汧家后,朱集璜每日督促朱用纯和徐枋两人刻苦学习。此后,徐枋跟随朱集璜一共学习了五年。在第六年时,徐枋考中了举人,而用纯在父亲朱集璜的教育下,在学问和人品上获有很大的进步。十七岁时,即在徐枋中举后一年,他也成为苏州府学生员。

第一章 生活优越的少年

律己修身 垂训后世

娶得贤妻

在明清时期，中国盛行早婚，当时好多人结婚的年龄都比较小。例如"昆山三徐"的父亲徐开法在十七岁时与顾炎武十五岁的五妹结婚，次年就生下长子徐乾学。又如，据《雍里顾氏族谱·福五府君户帖》记载，福五府君的儿子金保十四岁即有时年十九岁的妻子。

古语说人生有四大喜事：久旱逢甘霖，他乡遇故知，洞房花烛夜，金榜题名时。在十七岁时，朱用纯成为苏州府学生员，取得了最低一级的功名，这是他人生中的一大喜事。在十八岁时，朱用纯与异母舅陶琰之女陶端成婚，结为夫妻，这是他人生中又一大喜事。事实证明，他确实是娶到了一名贤惠的妻子。

陶氏，名端，是仁节先生陶琰的女儿。陶琰与朱用纯的母亲是同父异母的兄妹，他与朱用纯是舅甥关系。陶端由于聪明伶俐、孝顺父母而很受父亲的喜爱。朱用纯在少年的时候，也很得陶先生的喜爱。他是众多外甥中最受陶先生喜爱的，就像晋代豫章太守范宁称赞外甥王悦是"风流俊望，后来之秀"。陶先生看到朱用纯在幼年时，从来不等父亲的督促，就能够积极地读书学习，从心里就十分喜欢他；等到朱用纯学习写文章的时候，颇能够按照自己的思路来写出优美的文章，就更加喜爱他；等到了能够写信进行联系的时候，朱用纯自己认为写得并不好，然而舅父陶先生却真诚地认为那是封文情并茂的好书信。他看了之后，不停地发出赞赏的声音，欣喜万分。陶先生打心眼里喜欢这个忠厚老实的外甥，于是就打算给两个青梅竹马的表兄妹订婚。朱集璜夫妇知道陶琰有婚嫁的意思，就把陶端娶为朱用纯的妻子。两家能够顺利结亲是因为朱集璜与陶琰是义气相投的同学，两人同窗的时候，朱集璜就认为陶琰表现很不一般。当时，朱集璜从学舍归来，对母亲说，他的同学陶四兄和其他的同学很不一样，朱集璜愿意和他成为朋友。陶四兄就是陶琰。

　　陶端嫁到朱家后不久就遇到明清鼎革，朱集璜与陶琰同时殉节。从此，朱氏父子相隔两个世界。朱用纯夫妇带着年老的母亲在清军镇压昆山起义的战争中四处躲藏，经历了很多难以忍受的痛苦。等到战争结束以后，他们回到家里整理一番，发现家产荡然无存。夫妻两人白手起家，每天都是入不敷出。为了解决衣食，陶端非常勤劳，他们家常常直到深夜，还可以不断听到纺车声、剪刀声。

　　朱用纯的母亲性格严厉，为人严肃，到了晚年的时候身体多病。陶氏总是细心揣摩婆婆的心思，顺着她的心意，尽心服侍，很少受到婆婆的指责。如果朱用纯当塾师获得的酬金不足以养育母亲和弟妹，她就通过做女工来贴补开支。为了祈求婆婆长寿，陶氏自己从不吃鱼、肉等荤腥，只吃素食。康熙三年（1664）闰六月十六日，先生的母亲陶太夫人因病去世，享年六十四岁。等到陶太夫人去世之后，陶氏又守孝三年，不吃肉的时间前后加在一起共二十年。先生的父亲朱集璜在世的时候，出嫁的女儿有两个，儿子中结婚的只有朱用纯。下面的几个弟妹，都是母亲陶太夫人辛辛苦苦为他们婚嫁。然而真正出钱出力的却是朱用纯夫妻。陶氏在为人处世方面，识大体顾大局，不听从仆人的话。因此，诸姑妯娌之间合宅而居四十多年，相处和睦，无片言交恶。亲戚之间往来，虽然钱财不多，但能够做到礼节周到、相处融洽，从不因为事情的缓急、钱财的有无等小事斤斤计较。对于先生客人的留宿、饮食，她总是安排得十分周到，"事无大小，裁断悉得其要"，不因为东西的多少而马虎。对待仆人，她通过体恤他们的勤苦来使其敬畏，仆人们因此发自内心喜爱她而服从她的指挥。

陶端还很善良、朴实，精心抚育先生的嗣子导诚。在导诚六岁的时候，他的父亲、先生的弟弟朱用鲆病情危急。临死时，他说："这个儿子拖累大哥和大嫂了。"在朱用鲆死后，陶端携带导诚一同起床、一起休息，养育他，教导他，使他能够自立。她所做的这一切只是为了不辜负弟弟临终时的一句话，而非有意把他作为自己的儿子。后来陶氏因为自己没有儿子，遵奉三党的意愿，把导诚立为先生的嗣子，并不是起初的意思。这是先生三十年来存于内心的至诚之意，只有妻子陶氏知道。

陶端做事总是预先计划。她曾经对先生说："贫家做事，全贵预图。"在遇到急需用钱的时候，先生往往是袖手旁观，而陶氏已基本准备好钱财。她一生都是先生的贤内助啊！她因为长期勤苦操劳而最终积劳成疾。早年她便患上呕逆的疾病，没有广求医药，而成为宿疾。在她六十岁生日的时候，亲戚朋友为了表示恩爱友好，想要来给她祝寿。陶氏却坚决推辞，说了这样一句话："怎么敢以缺少仁义之人来辱没亲戚和长辈？"然而没有想到的是，就在这一年，她去世了。

人们常说中年丧妻为不幸的事情，先生更因为妻子在老年的时候去世而倍觉伤怀。因为他的贤妻一生给予了他很多的帮助，让他能够专注自己的事业。在妻子去世后，先生对她的思念无穷无尽。何况先生终身穷困贫贱，从不能使妻子"少一舒怀"，妻子却恬淡无欲。这样的妻子确实是先生的贤内助啊！

妻子去世后，先生深深为贤妻哀悼，写下了灌注自己真实感情的文章《先室陶氏事略》。此后，先生再未娶妻，仅仅买了一个婢女。这个婢女头发凌乱，牙齿外露，只是为先生做饭而已。

进入清朝

崇祯十七年（1644）三月十八日，李自成率领农民起义军攻陷北京。十九日，明思宗朱由检在北京煤山自缢而死。此时，清睿亲王多尔衮想乘机督师入关，恰好吴三桂派人送来了请兵书，于是，他带兵来到了山海关。吴三桂率领的军队与清军联合，在山海关打败了李自成率领的明朝主力部队。李自成因兵败退回北京，继而向西安撤退。清军在五月初一进入北京，同日，明福王朱由崧由凤阳总督马士英等拥至南京祭拜孝陵。十五日，明福王在南京称帝，仍称本年为崇祯十七年，第二年改元为弘光元年。马士英入内阁佐理朝政，仍掌管兵部尚书的事务。马士英控制南明的朝政后，把史可法排挤出南京让其到扬州督领军队。他专权谋私，尽干些图谋报复的事情，甚至推荐阮大铖入朝为官。八月，南明朝廷任命阮大铖为兵部填注右侍郎。随着阮大铖的入朝为官，明末的党争又在南明内部兴起，南明政权内部矛盾日趋激化。

十月初一，清顺治皇帝在北京祭告天地，登皇帝位。顺治皇帝任命英亲王阿济格为靖远大将军，率军攻打李自成的农民起义军，又任命豫亲王多铎为定国大将军，率军下江南。十一月，清军攻下江苏邳州、宿迁，史可法向马士英告急，马士英不信。十二月，清军攻下河南府，向江南步步逼进。

弘光元年（1645）三月初一，南明朝廷兴起"伪"明太子之狱。当初北京被攻占后，李自成胁迫太子朱慈烺西逃，不知下落，有传说太子已经遇害。此时，来了一位来自北方的自称太子的人，经过辨认，此人是曾任东宫太子侍卫的王之明。于是把涉案的王之明等逮捕，送到刑部狱中。明将左良玉上疏请求保全东宫太子来安定臣民之心。左良玉，明末大将，字昆山，今山东临清人。他参加明军后在辽东与清军作战，曾经受到侯恂的提拔。后来他在镇压农民起义军的战争中，不断扩大部队，升为大帅，日益骄横跋扈，拥兵自重。崇祯十七年（1644）三月，他被封宁南伯。南明弘光帝即位之后，加封他为宁南侯。此时，左良玉统军八十万，号称一百万，镇守武昌及附近地区，是南明朝廷在长江上游所倚靠的重要军事力量。他的军队共分十营，前五营为他的亲军，后五营为投降之军。当时，南明朝廷把长江以北划分为四镇：总兵刘泽清管辖淮安、海州，驻军淮北，经理山东一路军务；总兵高杰管辖徐州、泗州，驻师泗水，经理开封归德一路军务；总兵刘良佐管辖凤阳、寿州，驻师临淮，经理陈留、杞县一路军务；靖南伯黄得功管辖滁州、和州，驻师庐州，经理光州、固始一路军务。在这四镇中，高杰的军队不如左良玉的军队历史悠久。左良玉自从在朱仙镇被李自成打败后，精锐部队已经丧失殆尽，后来归附的士兵，大都是乌合之众，军容虽然很壮观，但战斗力大大削弱了。

在左良玉上疏请求保全东宫太子之后，明廷又兴起了福王妃子童氏之狱。童氏，本是周府的宫女，逃难到尉氏县，与福王相遇在旅社中，后生一子，已经六岁。福王南逃，两人各不相顾。童妃自称是福王继娶的妻子，来到南京寻找福王。福王却认为是假冒，将童妃送入了锦衣卫监狱。后来，她被打死在狱中。就在南明朝廷被"伪"明太子案、福王妃子童氏案纠缠得焦头烂额的时候，在同月的二十二日，清军攻下河南归德，平定了河南全省。

在清军压境，步步紧逼的紧急关头，南明朝廷内部却没有精诚团结、一致对外，而是发生了一场大规模的内战。三月二十六日，左良玉在武昌起兵反叛朝廷。这场内战主要是由左良玉与马士英之间的长期矛盾发展所致。左良玉率军东来，马士英十分恐惧，急命阮大铖、刘孔昭率军会同黄得功赶往上游堵截。袁继咸请求福王赦免太子来阻止左良玉东来，福王不听。二十九日，清军攻下安徽颍州、太和，南明朝廷命令史可法紧急赶赴徐州、泗州扼制清军。面对清军和左良玉叛军的进攻，马士英选择了增兵防御左良玉的方针，这就导致了扬州和淮安的防御力量越发薄弱。后来，黄得功在板子矶大破左良玉军队，左良玉之子左梦庚率军投降清朝。四月初七，清军从归德出发，驻守徐州的总兵李成栋逃跑，后来投降清军。四月十四日，清军攻占泗州，总兵刘泽清在淮安向清军投降。同月十九日，清军抵达扬州，这时，史可法驻守扬州，传令各镇带兵来援，只有总兵刘肇基来到扬州。由于兵力薄弱，清军很快攻占扬州，史可法死难。五月初十，清军攻占南京，明福王朱由崧逃往太平，十一日，马士英挟持福王的母亲及王妃逃往浙江。

五月十五日，豫亲王多铎进入南京，钱谦益等投降。兴平伯高杰之子高元照、广昌伯刘良佐等人，也都归降清军。本月二十二日，豫亲王派降将刘良佐及清兵攻击黄得功所率领的军队，黄得功自杀，福王被清军抓获。于是豫亲王派贝勒博洛率军进攻浙江，派安抚官到苏州、常州等郡县。

二十五日，南京派到苏州的安抚官到达苏州，分别是崇明黄家鼒、苏州的周荃和参将吴某。黄家鼒是例监出身，后官至鸿胪卿；周荃口才很好，是一个轻佻之人，在弘光朝为监纪通判。清军到南京后，他们投降了清军，被清军任用为苏州安抚。不久，黄家鼒被南明监军杨文骢杀死。

六月初七，豫亲王又派遣刑部侍郎李延龄、巡抚土国宝以及两位副将统兵驻扎在苏州。苏州新知府王镆发布的安民告示到达昆山，并派遣昆山人在苏州为吏员的赵元吉来取图籍。原南明昆山知县杨永言潜逃到泗桥陈宏勋家躲藏起来。六月初八，水利县丞阎茂才偕同本县士绅、耆老等一起来到胥门纳款投降。十二日,巡抚土国宝派遣苏州人周荃到昆山安抚,并查验仓库等。十八日,任命阎茂才为知县。从此,昆山县民被清国统治。

六月十三日,清军攻克杭州。至此,江南被清军平定。

第二章
哀毁过度的青年

在昆山起义爆发后,朱集璜父子积极参加昆山起义。后来,朱集璜因昆山起义失败而投河自杀,使朱柏庐先生饱受精神上的痛苦,茹哀饮痛,隐居教授。为了表明自己作为抗清死难志士的后代不事新朝的志向,更主要的是自己不能仿效王裒庐墓攀柏而时时洒下眼泪,所以给自己取号"柏庐"。为了养家糊口,先生授徒赡母,下抚弟妹。虽然哀毁过度,却不得不面对人生。在而立之年,先生在昆山开始崭露头角。

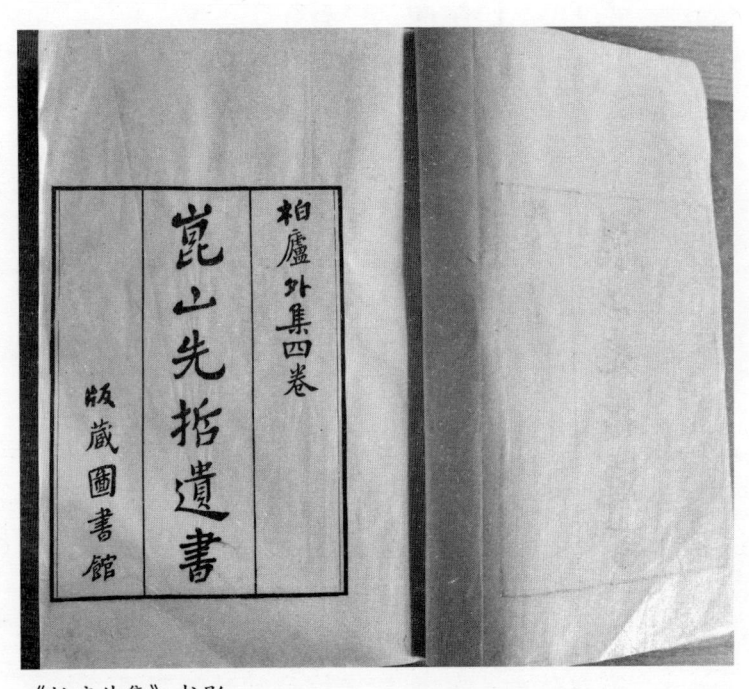

《柏庐外集》书影

融入起义

自古以来,汉族人就非常重视衣冠服饰,尤其把头发看得很重要,一点也不敢毁伤。中国传统儒家经典《孝经》上说:"身体发肤,受之父母,不敢毁伤,孝之始也。"在明末清初的时候,汉族男子成年之后就不可剃发,男女都把头发绾成发髻盘在头顶。满族人的发型与汉族人截然不同,满族男子是把前颅上的头发剃光,而将后脑上的头发编成一条长辫垂下。因此,汉族人把剃发看成是奇耻大辱。然而,清军为了从意志上摧垮汉族人,对投降的汉族人强行剃发,以作为归顺的标志。清军入关以后,曾经实行过剃发令,但遭到汉族人的激烈反抗。为了能使进军顺利,清朝统治者相机废除了剃发令。

在平定江南以后,清朝统治者摄政王多尔衮认为全国大局已定,于是再次下达剃发令。他命令"各处文武军民尽令剃发,傥有不从,以军法从事"。顺治二年(1645)闰六月十一日,剃发令下达到苏州,官府在示谕中说,"留头不留发,留发不留头"。剃发的命令很快传遍苏州,闰六月十二日,徐汧为保护头发投水殉节自尽。徐汧,字九一,长洲人。他还未出生父亲就去世了,好在他学习很勤奋,在崇祯元年(1628)成为进士,授官翰林院检讨,历官右庶子、少詹事。他和朱集璜是表兄弟。徐汧投水前,他的儿子也要一起同死,他对儿子说:"我不可以不死,你长大后即使是做农民,也不要做清朝的官员!"闰六月十三日,昆山知县阎茂才出示剃发令，以五天为期限。为了让缙绅支持剃发令，阎茂才命令衙役手持自己的名片到缙绅家恭请他们率先剃头。听到剃发的消息，昆山民众轰动，自发组织成立了乡兵，有二三千人，大家来到昆山的关岳庙叩头结盟。朱柏庐先生此时已经十八岁了，由于局势混乱，他从苏州府学回到昆山，也精神抖擞地随大家参加了结盟。随后，乡兵分头控制了整个县城，一个个手拿白棍站立在主要道路上。中午的时候，忽然传来消息，陈墓的陆家兵已经攻入苏州城。陆家兵是由太学生陆世钥倾全部家产建立起来的一支敢死队，并在陈湖中建立了水寨。同时，归庄等人来到位于半山桥南面的县衙，把知县阎茂才拘捕了起来。后来，乡兵们用绳索牵着阎茂才来到城外，把他捆绑起来，放到船中。当时，归庄手持一把刀，对大家说："不杀了知县阎茂才，人心不一致。目前，我们应当用他的项上人头来祭祀昆山城。"讲这话的时候，归庄的眼睛里充满了愤怒，拔刀就要来杀知县阎茂才。这时有个屠夫张寿说："你不习惯这种杀人的事情，把刀给我。"县令阎茂才吓得准备跳入水中，张寿急忙挥刀砍去，阎茂才的头一下子就落入水中。然后张寿拿着刀向归庄复命，归庄把刀赠送给了他。此后，贡生陈大任等一起推举前明狼山副总兵王佐才为主帅。王佐才，字南阳，从小就学习兵法，体力过人。在参加童子试的时候，督学熊廷弼认为他面貌很奇特，就让他改学武科。不久，王佐才就考中万历癸巳（1593）科武进士，先后在辽东、河北、河南等地做过武官。最后，他升迁为狼山副总兵。被推举为主帅时，他已经六十多岁了，且年迈多病，但他时常为国家的多灾多难、官吏的腐败而忧虑。因此在被陈大任等推举为主帅时，他毫不犹豫地接受了。闰六月十五日上午，王佐才、陈大任等进行祭祀、誓师大会，设祭坛放置朱元璋、朱由检的灵位，并竖起大明的旗帜，汇集全城的绅士和父老，一起跪在皇帝的灵位前面大声恸哭。随后，白发苍苍的老将军王佐才登上高台，进行了一通慷慨激昂的演讲，他要求大家团结一致，共同抗击清军。此后，主帅王佐才申明法令，布置守城的准备工作。

下午，忽然传言太仓浦六要在昆山作乱，还把火药贮存在奸细陈孔昭家里。浦六的父亲因为投降清军而得到官职，浦六与总兵张天福分别镇守太仓。陈孔昭是浦六的姐夫，他们二人还准备和顾台砥、葛鼎以及地方上的恶人孙隆、郭登等内应来残害昆山百姓。听闻传言后，昆山民众急忙抓捕浦六，却没有抓到，就把陈孔昭、顾台砥、葛鼎等杀死了。

十七日，原明朝昆山知县杨永言、四桥人陈宏勋率领招募的数百名士兵进入昆城。杨永言，云南人，是癸未科的进士。在做昆山知县的时候，他很有贤名。他是明朝最后一位昆山知县。陈宏勋，字建侯，昆山四桥人。他擅长射箭，常常使用一把长枪，精通用兵的韬略。同县顾锡畴推荐他为宪标参谋，专门负责招募和训练乡勇。

杨永言来到之后，昆山起义军的核心领导层也就有了。王佐才为主帅，陈大任为副帅；杨永言为监纪；孙志尹、陈宏勋、夏有光为参将；顾炎武、朱集璜、王永祚、周室瑜、谢复元、陆元冲、胡季桂、朱晟、张谦、张止绋、周若金等负责筹划方略并收集粮草，为守城做准备工作。

朱柏庐先生，手持白棒，随着大家一起站岗放哨，在城内盘查奸细。先生的母亲陶夫人虽身怀六甲，还坚持在家里做饭，照顾几个孩子的饮食，主要也是为让丈夫朱集璜能够专心工作。整个昆山城内到处都是逃难的老百姓，他们有的扶老携幼，拿着装有金银细软的包裹，准备撤退到乡下去；有的则带着家属到城里投奔自己的亲戚。昆山城处在一片混乱之中，朱柏庐先生在站岗的时候，一直帮助逃难的人们，或者搀扶他们一下，或者推一下车子。

清凉的夜风吹着城头上的战旗，四处一遍寂静。这寂静正预示了一场激烈战争的到来。

加入守城

在昆山爆发起义后,昆山城周围的农民自发组织了乡兵,正仪镇也组织了乡兵。为了做好长久的防守准备,昆山起义军先派出了防御苏州清军的乡兵,这些乡兵以朱天麟、徐开禧、李白春等三人为首领,部队驻扎在正仪,会同当地乡兵共同防御。朱柏庐先生则奉命留在昆山,站岗放哨。朱集璜和他的几个学生,以及张谦等整日忙着为大军收集粮草,城中三千多士兵的后勤保障非常重要,每天的吃饭成为最重要的问题。因为连年的增加赋税和天灾人祸,当时粮食奇缺。

七月初二,清军在苏州集中。当时驻扎在苏州的总兵土国宝调集了长江以南的三十万清军和几十门红衣大炮,并把几十门红衣大炮安装在战舰之上。打先锋的是明朝降将李成栋率领的军队。正仪乡兵在靠近本镇的娄江岸上用石头垒起数丈高的石墙,以此来防御清军的骑兵。满洲铁骑号称劲旅,因为在进攻的时候,人可以在马上搭弓射箭,还可以使用大刀或长枪。当时前来进攻的清军由四部分组成,一是步兵,二是骑兵,三是炮兵,四是水军。

七月初四,进攻昆山的清军先锋部队到达正仪镇,乡兵们立刻严阵以待,准备战斗。乡兵李某手持鱼叉作为武器,躲藏在巨石后面。清军先锋部队主要是骑兵部队,看到巨石拦住去路后,他们就在马上用长枪把那些巨石挑开,像翻瓦片一样,真是力大无穷。李某手持鱼叉突然冲出，刺伤了一名骑兵，乡兵张某埋伏在大石的旁边，用火枪射中了一个骑兵。正仪的乡兵人人争先，英勇抵抗清军骑兵的进攻。可是，江南水乡的老百姓民性儒雅，不习兵戈，参战的乡兵逐渐抵挡不住久习战阵的士兵的冲击。就在这时，城中陈弘勋派出水军来到正仪增援，两处兵力合在一起迎战清军。逼得清军炮兵发炮射击昆山水军，顿时战船破裂，昆城水军战败逃跑，返回昆山城中。参战的正仪乡兵也抵挡不住清军骑兵的进攻，四处逃散。

　　初五黎明，清军抵达昆山城的西门，昆山起义军主帅王佐才一声令下，乡兵分守各个城门。朱柏庐先生和大家一起拿着武器进行防守，因为武器很缺少，大家使用木棒的比较多。清军架设浮桥，准备渡过壕沟进攻。非常不幸的是陈宏勋腕部的恶疮发作，不能出去和清军作战。在危急时刻，主帅王佐才披挂上阵，他雄姿英发，手持弓箭射向进攻的清军。虽然已经年过六旬，但是他好汉不减当年勇，率领部下不停向敌军射箭。朱柏庐先生紧紧跟上，仿照老将军的样子不停地向敌人射箭。顿时，箭如雨下，清军在箭雨中败退下去。在这次战斗中，昆山义军射伤了清军的一名将领和二十多名骑兵。不久，突然下起了瓢泼大雨。即使是在这样的暴雨中，战斗仍在激烈进行着。主帅王佐才冒着大雨站在城上指挥军事行动，杨永言率领乡兵冲出了西门，朱柏庐先生也拿起武器跟着冲了出去。杨永言挥舞着手中的大刀冲向清军，孙志尹拿着弓箭出城门作战。由于缺少武器，朱柏庐先生随手拿起一根白棒冲了上去。两军在金童桥南接战，昆山义军和清兵混战起来。因为前来进攻的清军训练有素，久历战阵，而杨永言率领的乡兵却缺乏训练，很快就败退回城。清军骑兵追了上来，孙志尹用弓箭射死了两名清军，清军骑兵也发射弓箭，射中了他的胸部，他迅速拔掉箭镞，奋勇抗战，又被射中了两箭，从马上掉落下来。随后，他被追上来的清军杀死。朱柏庐先生随着败退的乡兵退入城内。当夜，雨渐渐小起来，主帅王佐才彻夜未眠，心想："看来昆山城是守不住了，怎么办呢？"他急忙请杨永言、陈宏勋、夏

第二章　哀毁过度的青年

有光、朱集璜、王永祚、周室瑜等前来商议。最后,王佐才决定让老百姓撤出城外,于是,就把北门打开,让大家撤退。

朱集璜带着儿子回到家中,他看着身怀六甲的妻子,告诉了她主帅王佐才的决定。陶夫人说:"如果我们撤退,你打算怎么办?"朱集璜说:"这样吧,我以死殉国,你带着用纯、用白、用皞走吧!抓紧,再晚就来不及了!"

朱柏庐先生一手搀着母亲,一手拉着年幼的小弟用皞慢慢向北门走去,街上到处是扶老携幼的人群,大家纷纷走向北门。

七月六日黎明,清军开始向城内开炮,炮弹胡乱飞入城中,有的炮弹甚至飞落在马鞍山上。杨永言对于目前的战况束手无策,独自从南门逃走。九点多钟,西门的城墙因昨日天降大雨而被冲坏了一段。清军很快攻进城内,因为昆山百姓反抗清军,打死打伤了很多清军,清军为了报复,下令屠杀昆山城内的百姓。

天还没有亮,朱柏庐先生带着母亲和弟弟们走出了北门。为了抓紧赶路,先生租了一艘小船向族兄汝任家驶去。朱柏庐先生一家人坐船来到族兄的家中之后,借他的房子住了下来。后来先生在《毋欺录》中记录顺治十五年时写道:"得到族兄汝任去世的消息,因忧伤而长时间地流泪。战乱时借他的屋住,在患难时互相倚重,感情非常之好。"

当时的昆山城处在一片血海之中。杨永言逃跑后,主帅王佐才再次打开城门,让城中的百姓逃命,而自己却率军与清兵进行巷战。在弓箭射完,力气用尽之后,他整理好衣冠,回到自己家中,端坐在家中,从容被清兵杀死。

朱集璜把绝名词写在衣带上,绝名词写道:"可质祖宗,可对天地,生无自欺,死复何愧。"后来,在走到投东禅寺后面时,他想:"清军入城,自己是要被杀死的,还不如自杀呢。"于是,他投河而死。他的门人孙道民、张谦同日殉难,其余一同死亡的有五十余人。他的同学和好朋友陶琰,世代居住在离城二十余里的鸡鸣塘。当清军兵临城下的时候,陶琰率领乡勇三百余人赶赴援助,还未到达县城,就听说城池已经陷落,陶琰一声长叹:"朱以发死了!"是夜,陶琰在家中自缢而死,衣襟上写有"生为大明人,死为大明鬼"。

七月初七,清军又再次搜索屠杀。清军一边屠杀百姓,一边抢劫财物,奸淫妇女,不从的就杀死。初八,进行了两日的屠杀开始松懈下来。初十,清军撤走,临走时,抢走了大量的财物和近千名妇女。有 顾炎武诗为证:"秋山复秋山,秋雨连山殷。昨日战江口,今日战山边。已闻右甄溃,复见左拒残。旌旗埋地中,梯冲舞城端。一朝长平败,伏尸遍冈峦。北去三百舸,舸舸好红颜。吴口拥橐驼,鸣笳入燕关。昔时鄢郢人,犹在城南间。"

祸不单行,太仓总兵也率兵来到了昆山境内。部队来到红庙渡一带,抢劫杀害了很多百姓,甚至比城内还要多。

此次战争,昆山全县被杀人口总计二万四千余人。

朱柏庐先生与母亲住在乡下还算安全,但是,父亲的去世给他带来了极大的打击。

第二章 哀毁过度的青年

寄托字号

朱柏庐先生是朱集璜的长子,不论是他的字还是他的号,都有着特殊的含义。

先生的父亲给他取名用纯,字致一。在朱集璜所著的《观复堂稿略》中有一篇《字三子》的文章,文章大意为:在选择事理的时候必须注意它的精良,这样才会有用;如果不精良,就不可以利用,就像纯金一样没有杂物,那么金子发出的光芒就会不同一般。做一件事情,主要是要有长远作用。用纯,我给你取字致一,是希望你做事有毅力。简单来说,朱集璜为他取名用纯,字致一,是希望他对儒家经典用心纯粹,致力专一。

七月初六,昆山城池被攻陷后,清军李成栋部在昆山展开了惨绝人寰的大屠杀。屠杀进行了两日,城中人口死于屠杀的有十分之四,跳河、跳井、上吊的有十分之二,被俘虏的有十分之二,逃跑的有十分之一,躲藏起来而没有被杀的有十分之一,城中百姓财物被劫掠一空,使用的粗重物品被靠近城市的人劫掠一空,全县共计有两万四千余人遇难。在清兵征服江南的血腥过程中,昆山人民奋起反抗和遭受镇压的惨烈程度,丝毫不亚于见诸史册的"扬州十日"和"嘉定三屠"。

由于父亲在清兵攻下昆山城后跳河自杀,母亲即将生产,弟弟用白、用鲲尚年幼,只有十八岁的先生,不得不承担起家庭的责任。他常常想起三国时期的魏人王裒,茹哀饮痛,哀毁过度。

王裒,字伟元,城阳营陵人(今山东昌乐人)。父亲王仪高风亮节,文雅正直,是晋文帝司马昭的司马。当时,皇帝询问众大臣谁应该对"东关之役"的失败负责,王仪说:"这次东关战役的失败责任在于元帅。"皇帝愤怒地说:"你是把战败的罪过推到我身上吗?"于是命令手下的武士把王仪推出斩首。

  王裒在少年时候就养成了高尚的品德,所作所为都符合礼法。他身高八尺四寸,容貌非常奇异,声音清亮,言辞文雅正直,博学多才,能力很强。因为父亲被司马昭冤杀,死于非命,他从来都不面朝西坐下,表示自己不是西晋朝廷的臣子。父亲死后,他就隐居教授。朝廷多次征辟他入朝为官,他终身都没有去。他在父亲的坟墓旁边搭起草庐,常常在早晨和傍晚的时候到父亲的坟墓前跪拜,用手攀着柏树悲恸地号哭,鼻涕和眼泪落在树上。时间一长,树木的颜色变得枯黄,呈现出和其他树木不同的颜色。他的母亲害怕雷响,在母亲去世后,每当要打雷的时候,他就到母亲的坟墓前说:"王裒在这儿,母亲不要害怕。"在他朗读《蓼莪》的时候,每当读到"哀哀父母,生我劬劳",眼泪就会不自觉地流下来。跟随他学习的门生都不读《蓼莪》之篇,害怕他伤心过度。

  王裒家里非常贫穷,靠耕种土地为生。有人提出要帮助他耕种,他从不接受。他的学生偷偷为他把麦子收割好,王裒就把学生收割的麦子弃之不要。老朋友中有送东西给他的,他从来都不接受。他的门人将要服劳役,请求王裒向县令嘱托免除劳役,过了许久,王裒说:"你所学习的东西不足以庇护你的身体,我的德行不厚,难以庇护你,嘱托又有什么用处呢?"说完,就用担子挑着干饭,步行送他的学生到县城,他的儿子则背着盐、豉和草鞋紧随其后,跟随而去的学生有千余人。县令以为王裒来拜访自己,整理衣服出去迎接他。王裒走到土牛旁边,磬折而立,他说:"我的门生要为县令服劳役,因此前来送别。"说完便流着眼泪离去了。县令马上把他的学生放了。

  王裒的同乡管彦在年少的时候很有才学,但却没有名声,独独王裒认为他以后必定发达，和他成为要好的朋友。在两人的妻子生下小孩之后，便一同许以婚约。管彦后来成为西夷校尉，死后埋葬在洛阳，王裒后来把他的女儿改嫁给了别人。管彦的弟弟管馥质问他为什么要这样做，王裒说："我的志向并不远大，只要能生活在自己家附近的山上。往昔姊妹都出嫁到很远的地方，吉凶断绝，我经常发誓决不这样做。现在贤兄的儿子把父亲埋葬在洛阳，已经是远在京城的人了，和我结好的本意相差太远了。"管馥说："嫂子是齐国人，应当回到临淄。"王裒说："哪有把父亲埋葬在河南而随着母亲回到齐国的！用意如此，还有什么婚姻呢！"

　　北海的邴春在年少时树立了高远的志向，他不怕寒苦，背着书箱到处求学，本乡的人都以为邴春也会发达。王裒认为他这个人阴险狭隘而且爱慕虚名，最后必定不能成材。后来邴春果然品行不好，学业没有完成。人们认为王裒很有见识。王裒常常认为人们应该做善事，但不能因为自己做了而责怪别人不做。

　　后来，由于中原战乱，强盗蜂起，亲族都想渡江东去，而王裒因为不想离开父亲的坟垄，不幸被盗贼所杀。

　　朱柏庐先生为王裒的高尚节操所感动，联想到自己与他相似的遭遇。对于朱柏庐先生来说，父亲因昆山起义殉难而死，自己却残喘而生，这种难以愈合的心灵创伤和情感隐痛始终伴随着他。为了表明自己作为抗清死难志士的后代不事新朝的志向，更因自己不能仿效王裒庐墓攀柏而时时洒下眼泪，他给自己取号"柏庐"。

　　此后的五十余年中，先生没有违背自己的字号，他隐居教授学生，专心从事理学研究。在默默无闻中做出了不平凡的事业，他教出了众多的弟子，在理学方面也有所创新。

问学夏师

私塾教育在昆山望族成长的过程中起到了相当重要的作用。在封建时代,由于官方学校录取的学生很少,这决定了占优势地位的必然是私塾教育。当时昆山城内和乡下都开设很多的私塾。明清时代的私塾老师主要有两种:蒙师和经师。蒙师,是指从事启蒙教育的老师。古代儿童大多在六至十二岁时接受启蒙教育,他们的老师就被称为蒙师;经师,是指从事"四书""五经"教授的老师,经过蒙学教育,有条件的学生再学习"四书""五经",他们的老师被称为经师。夏永言先生属于经师之列。他是明朝的秀才,居住在昆山城内,是一位教书先生。他是一个师德高尚的人,在教学的时候,注重身教,轻于言教;在平时的为人处世中,他与人为善,对人真诚,不讥笑、诋毁别人,总是讲别人的好话。在日常生活中,他坚持孝顺父母,友爱兄弟,尽力施行仁义,成人之美。

朱用纯出身在一个世代业儒的家庭。自迁居苏州的始祖朱子荣以来,家族世代都有文化,是典型的文化望族。他的祖父朱家佐也是一名塾师,父亲朱集璜先后教授数百人。在这样的家庭环境的熏陶下,年幼的用纯开始了儒家文化的学习。十七岁时,朱用纯就成为苏州府学生员,也就是我们通常所说的秀才。十九岁时,父亲朱集璜在临死前的那天晚上,对朱用纯说:"儿子,在我死之后,你不要和我一起死。你母亲已经怀孕,不久就要生产了。你要活下去，好好照顾你母亲和你的弟弟、妹妹。以后，你不要再参加科举考试了，一定不要做两朝的臣子！一定要记住我的话！"此后，朱用纯遵从父亲的遗命，放弃了儒冠，成为弃巾的山人。然而，他却没有放弃对学问的追求。在他的心目中，读书的目的在于成为圣贤之人，而不是为科举考试。他把读书和做人紧密联系了起来。

  为了能够学习到更多的知识，为了更好地学习做人，在朱用纯二十一岁的时候，他拜了道德高尚、知识渊博的夏永言先生为老师。夏老师是明朝的诸生，比朱用纯仅大几岁，因久困考场，没有考上举人，就以教书为业。夏老师的身高不是太高，身材偏瘦，瘦骨嶙峋的脸上有着一双明亮的眼睛。他说话和蔼可亲，在讲课的时候，声音抑扬顿挫，给人一种和蔼、稳重中又有威严的感觉。两个人在相处的过程中，性格非常投和默契，夏永言非常爱护朱用纯这个没有父亲的青年，对待他就像对待自己的亲人一样。夏老师和朱用纯一样，在年幼的时候，父亲就去世了，是母亲把他养大，并严格教育他。夏老师孝顺、争气，他把母亲的教诲奉在心中，学习非常努力刻苦。后来，他的文章写得越来越好，考中了秀才。但是他在参加科举考试的过程中却屡遭挫折，尽管如此，夏老师仍在做人上激励自己，让自己不受奢靡社会风气的影响。当时的士人住房要求华美，夏老师却居住在简陋的房子里；其他士人竞相奔走在权贵之门，滥竽充数，夏老师却要么读书，要么弹琴，怡然自得；其他士人每日喜欢吃肥肉和精米细粮，夏老师却终身喜欢以蔬菜为食，喜欢穿粗布衣服，为士人缺乏廉耻、徒事奢靡而叹息。于是，他就独自抗节而行，真是一位耿介的老师啊！

  在拜夏老师做老师之后，夏老师首先给朱用纯讲述的是做人的道理。他说："在做人的时候，一定要积德行善，否则，祸延子孙。"在夏老师的谆谆教导下，朱用纯学习非常用功，在经学上的造诣不断加深。每日在夏老师的经学讲课结束之后，他就回到自己的相在书屋，要么埋头读书，要么思索老师提出的问题，要么拿起毛笔在纸上练字。后来，朱用纯在《祭夏师文》中回忆五十年前抱恨攻读时说："在荧荧的一支残烛下，不停地朗诵背诵，有时甚至读书到鸡鸣的时候，这样苦读并不是为了在朝廷中获得荣名，而是希望能够具有流传千秋的志节。"无论时间过去多久，情况发生了多大的变化，朱用纯在反躬自省时都认为自己没有辜负老师的教导。虽然老师走了，自己也衰老了，但他切实行善的念头始终没有停止，这是夏老师的传家宝，也是夏老师家的儿孙接连兴起的原因。

朱用纯出师以后，夏老师还经常来找他聊天，两人经常谈论的话题是当代的善行和微显阐幽，两人非这方面的话题不谈。据朱柏庐先生后来回忆说："先生非常乐于谈论当代善行的爱好就像伯伦喜爱喝酒、虎头（顾阿瑛）喜欢书画、张旭喜欢书法、米颠喜欢金石一样，因为非常喜爱谈论而上瘾。"

康熙三十五年（1696）十一月，老师夏先生去世了。听到老师去世的消息，朱用纯飞奔到老师的灵位前，放声恸哭。十二天后，他按照当时的祭礼，准备了瓣香和清酤。此后，他满怀伤痛，用沾满眼泪的毛笔写下了《祭夏师文》，为老师生不逢时而泪流满面，表达了不愿老师离世的悲伤感情。

第二章 哀毁过度的青年

律己修身　垂训后世

初为塾师

　　在清军屠城以后，母亲陶氏和用纯、用白、用晫兄弟三人及妹妹回到家里发现家具荡然无存。本来家中有点积蓄，因为战争也花费一空。朱用纯夫妻两人只好白手起家，每天入不敷出。为了解决衣食，母亲陶氏和妻子陶端非常勤劳，每天都要工作到深夜。

　　朱用纯一边帮助母亲做点家务，一边跟随夏永言老师学习，生活十分艰苦。为了节约生活费用，母亲陶氏和妻子陶端多年来不食荤腥，只是以蔬菜和粗粮度日。弟弟用商出生以后，家庭的负担更重了，母亲除了要照顾幼小的用商之外，还要照顾用白、用晫兄弟的生活。时间过得很快，朱用纯已经二十四岁了。对他来说，不可能再继续读书，目前最重要的事情是挑起养家糊口的重担。先生后来在《粘壁告亲友诗》中说："只为饥驱犹教授，误人多费蓼莪篇。"

　　在当时的情况下，对于朱用纯来说，做家庭塾师是家境贫寒而又不愿意依靠别人的明朝遗民最普遍的职业选择。昆山被屠城之后，城中的人口损失了二万四千多，城内很难找到一份合适的塾师工作。然而，天无绝人之路。这时，一位住在乡下的远房亲戚看到朱家生活在艰难之中，而自己村中正好有两个儿童需要启蒙，于是就把朱用纯介绍了过去，让他去做蒙师。在当时，家庭塾师虽然地位不高，但是一年可以有数挑馆谷，可以糊口为生。

　　经过亲戚的联系，朱用纯到那两个儿童家做塾师的日期确定了下来。听到这个消息,他又是高兴,又是忧虑。他高兴的是找到了一个塾师的工作,虽然教学的工作很是辛苦,但是可以得到数挑馆谷;他担忧的是,从此要离开母亲和妻子到乡下去教书,再也不能和她们朝夕相处,家中无论有什么事情自己再也不能立刻帮助。

离开前一天的晚上,妻子陶端为他收拾了行李,她考虑得很周到。尽管家中很贫穷,她还是把家中最好的被褥给朱用纯准备好,还给他准备了两件换洗的衣服。夫妻两人躺在床上,用纯怎么也睡不着觉,想到明天就要与母亲和家人告别,他禁不住流下了眼泪。不一会儿,枕头有点湿了。妻子陶端看到他翻来覆去睡不着觉,就转过脸来对他说:"用纯,你不要担心,我会照顾好妈妈和弟妹的,你就放心去教书吧!"朱用纯说:"谢谢你,我的好妻子,妈妈平时非常勤苦,落下了病根,你一定要照顾好妈妈。另外,弟弟很小,你也要照顾好。"

第二天上午,乡下的家长派了小船来接用纯,母亲陶氏和妻子陶端,还有弟弟、妹妹来到码头给朱用纯送行。母亲说:"纯儿,你放心去吧,妈妈会照顾自己的,到了那儿,一定要注意照顾好身体。另外,还要和人家好好相处,凡事都要让着人家。"用纯站在船头上,挥手和大家一一惜别。

几个小时过后,朱用纯来到了学生的家中。家长安排好用纯的住处,然后请他用饭。在吃饭的时候,看着桌子上的鸭肉和猪肉,他没有吃一口,而是很文雅地挑选了几样蔬菜吃。用纯认为:"饮食约而精,菜园中的蔬菜要比贵重珍奇的食物好。"快要结束吃饭的时候,他请求主人以后不要这么浪费,有蔬菜吃就可以了。饭后,用纯端坐在太师椅上,两个六七岁的儿童在家长的引导下,来到用纯面前,用纯对他们说:"拜师之前要先向至圣先师孔子行礼。"于是,两个儿童在家长的引导下,双腿跪在至圣先师孔子的画像前,跪拜了三次。这样整个拜师的过程就算结束了。

第二天一大早,雄鸡刚报晓的黎明时分,朱用纯就已起床。刷牙洗脸之后,他手拿笤帚,把整个庭院打扫得干干净净。之后来到教书的房间,把学生的课桌擦得油光可鉴。把这一切打扫清洁的工作做好以后,朱柏庐先生便把教材《三字经》《百家姓》《千家诗》《千字文》等拿出来,认真地备课。

私塾教育在蒙学阶段的教材,主要是"三、百、千、千",即《三字经》《百家姓》《千家诗》《千字文》,以及《女儿经》《教儿经》《童蒙须知》等。在此阶段的教学内容主要是对学生进行识字为主的训练,另外还十分重视作对子。启蒙教育之后就开始请经师教"四书""五经"。"四书"是《大学》《中庸》《论语》《孟子》四部儒家经典的总称,"五经"是《诗经》《尚书》《礼记》《周易》《春秋》五部儒家经典的总称。

在启蒙阶段,教师要十分注重蒙童的教养教育,培养蒙童养成良好的道德品质和生活习惯。例如,对蒙童的行为礼节,像着衣、叉手、作揖、行路、视听等都有严格的具体规定,为我国教育的传统。在蒙童的教学中,先生完全采用注入式。讲课时,先生正襟危坐,学生依次把书放在先生的桌上,然后侍立一旁,恭听先生圈点口哼。先生讲毕,命学生复述,其后学生回到自己座位上去朗读。凡先生规定朗读之书,学生须一律背诵。

朱柏庐先生从小生活在儒家,对于如何从事教书工作很是熟悉。但是,这毕竟是他第一次从事教师的工作,他还是有点紧张的。先生端坐在桌前,开始教两个儿童读《三字经》。他读道:"人之初,性本善。"两个儿童齐声读道:"人之初,性本善。"他又读道:"性相近,习相远。"两个儿童又齐声读道:"性相近,习相远。"就这样,先生教一句,他们学一句。在教会他们一段之后,先生就让他们自己背诵。一个上午下来,先生感觉疲惫不堪。初为人师的滋味并不好受啊!但是先生总是严格要求自己尽心竭力教好学生。他每天都早睡早起,对学生的功课都及时跟上。在教课之余,先生从不饮酒,而是练习写字,在写字上精益求精。

寿巨涛伯

顺治七年（1650），先生的伯父巨涛先生从浙江省上虞县辞职归隐，其家庭也迁至昆山县城，和朱柏庐先生相距不是太远。因为先生隐居教授，不再参加朝廷的典谒，就常常和巨涛伯父来往。随着交往的增加，两人感觉很是投机。因为两人是同姓，就认为同宗。从此，先生就认巨涛先生为族伯父，对他坚持施以族子的礼节。

在两人认为同宗之后，只要遇到良辰佳节、花开月出或建造的山亭池馆落成的时候，巨涛伯父总要请先生观赏。巨涛伯父十分喜欢先生，每当先生到来的时候，他都要让家中的仆人摆上酒席请先生吃酒。他十分喜欢和先生交谈，然而先生十分谦虚，认为自己所学的东西很少，不足以备族伯咨询。先生还认为自己的才能很小，不能做事。然而，巨涛伯父以诚相待，这使先生十分感动。他认为巨涛伯父有很多值得学习的地方。

每次，在坐无杂客的时候，巨涛伯父就把自己的真心话讲出来。一次，他慷慨激昂地说："衣冠之族如果不以孝顺友爱和信义传家，即使崛起，他的子孙也都是为了博求功利，虽然可以成为官员，甚至做到通显大官，但家族也会败落。"在巨涛伯父讲话的时候，先生认真倾听，十分赞同。有时，巨涛伯父喝酒喝到非常高兴的时候，就会从脸红到耳朵，他常常把两髯掀起，或者拍着手说："当年的豪富之家、权贵之人在行使手中的权力的时候就像风驰电掣一样，却不知道将来会怎样，是否会败落。人生就像天上的云烟飘浮不定，一切变化都是那么快啊！"有时候巨涛伯父还会讲一些自己的事情。他说，自己年少的时候，性格豪放豁达，不太注意小节，很有杜牧、苏舜钦的风格，很是慷慨，一向把义看得很重，从不为自己没有获利而不平，从不屈服于权势。然而，自己却在做官的道路上坎坷不平，几乎到了大祸临头的地步。由危险到安全，由安全到危险，一生要经历多少危险啊！可是，做人的志气却不可没有。听到这儿，朱柏庐先生激动地说："伯伯，你讲得真好，真是发自内心的豪言壮语啊！"

巨涛伯父的七十大寿快要到了。老人家虽是曾经做过官的人，对于自己的七十大寿却并不想大操大办。当时的习俗是，只要有钱有势的人家，在遇到自己五十、六十、七十大寿的时候都要摆酒祝贺，有的还要请名家写寿序。然而，巨涛伯父并不想摆寿酒，因为他认为过寿不需大操大办。于是，亲戚朋友和同族的人一起约定通过用诗或文章记叙老先生的义行、做官的政绩等来为他做寿。

此后，亲戚朋友和同族写了数百篇诗和文章来为巨涛伯父祝寿。看到大家写了很多的诗和文章给巨涛伯父祝寿，朱柏庐先生也想写一篇。为了把这篇文章写好，他思考了几天，先在头脑里进行了构思。先生的头脑中闪过一个个画面——伯父巨涛先生从浙江省上虞县辞职归隐来到昆山的情景、两人初次见面、两人认为同宗、对巨涛伯父持族子的礼节、巨涛伯父昔日的嘉言懿行、巨涛伯父岌岌可危的仕途之路、巨涛伯父的坦诚、巨涛伯父的慷慨激昂和豁达、巨涛伯父的不拘小节、巨涛伯父对孝顺友爱和信义的重视等，在这一个个画面在头脑中闪现之后，先生的思路变得清晰起来。想着，想着，先生慢步走到家中磨得发亮的书桌前。这张桌子很是陈旧，它是爷爷筑岩公置办的，后来爷爷买下了通阛桥东面的几间房子，就把这张桌子从乡下带到了城里。在昆山城陷落后，父亲朱集璜投东禅寺后河中自杀而死。先生带着全家人到乡下逃难，家中空无一人。县城附近的盗贼把家中粗重能抬的家具都抬走了,只剩下这张破旧的桌子。先生把它放在自己的相在书屋中,作为自己写文章、批阅学生作业的桌子。

先生努力使自己平静下来,先把桌上砚台中的墨磨了又墨,才拿起架在笔架上的毛笔,在已经铺好的纸上,挥毫写下"巨涛族伯寿序"几个字。然后,按照竖行的格式,一笔写下:"丙寅之岁,吾伯巨涛先生自上虞解组,归移同里……"

写完之后,先生又仔细看了一遍,最后才把这篇文章定稿。次日,他把名为《巨涛族伯寿序》的文章呈送巨涛伯父,巨涛伯父看过之后,连声说:"谢谢,谢谢。真是好文章啊!"这篇文章具有一定的意义,是目前我们所能见到的先生最早写下的文章。

第二章 哀毁过度的青年

葬朱节孝

昆山城破后,朱集璜投东禅寺后河而死。几天后,他的尸体被装殓在棺柩中,运到了鸡鸣塘。此前的几天,他的好朋友陶琰在家中上吊自杀,尸体被埋葬在陶家祖墓的旁边。因为当时兵荒马乱,朱集璜的棺柩就停放在陶琰墓的右边,等待以后正式埋葬。在他死后,朱集璜先生的门人给他私谥"节孝"。

这一等就是近十年。在快要接近父亲十周年忌辰的时候,朱柏庐先生悲痛地想到,父亲去世快要十周年了,自己却还没有找到一块墓地把他正式埋葬,自己怎么还能有脸活下去呢?其实这些年,朱柏庐先生都在为了生计而忙忙碌碌。他上要扶育自己的寡母,下要抚育自己的弟妹,还要为将要成婚的弟妹准备物品。另外,为了糊口,先生整日忙于到别人的家塾中做家庭教师。如果是在乡下教书,他一般一个月才能回家一次。即使是在城里教书,他也是早出晚归,非常辛苦。在乡下教书,教学的报酬比较少,而先生的家庭支出又比较多,因此先生虽然早就有把父亲正式安葬的想法,却屡屡因为没有钱来购买一块墓地而作罢。

父亲去世九周年过后,朱柏庐先生感到前所未有的压力。作为家中的长子,这么多年都没有让父亲的棺柩正式安葬,确实是自己的过错。如果再不正式安葬,自己还有什么脸面活下去呢?好在目前的经济收入已经有较大的改变,二弟用白、三弟用皞已经可以授徒养活自己和他们的家庭了。为了把父亲正式安葬,他决定和母亲先商议一下。

晚上，先生吃过晚饭后，来到母亲陶太夫人的房间，这时四弟用商正在一个人玩。先生说："母亲，孩儿想和你商议一下父亲正式安葬的事情。"

陶太夫人说："你来得正好，我也在考虑这件事呢，你父亲去世九年多了，最好在你父亲十周年忌辰之前把他正式安葬。好在你两个弟弟都可以授徒养活自己及他们的家庭了，你和用白、用皞商议一下吧。"

由于兄弟们是合宅而居，母亲对四弟用商说："把你二哥和三哥叫来，你大哥找他们有事。"

不一会儿，二弟用白、三弟用皞来到母亲的房间。母亲慢慢地说："你们父亲去世九年多了，他还没有正式安葬，你们兄弟三个商议一下吧。"

二弟用白、三弟用皞沉默了一会儿，二弟表态说："我们听大哥的。"三弟附和说："我听大哥的。"

朱柏庐先生听见两人的表态，神态庄重地说："这样吧，父亲安葬这件事，大家有钱出钱、有力出力。已经确定在清明节前为父亲买一块墓地把他安葬，买地的事情就由我来负责。"

朱柏庐先生通过别人的介绍，最后在青阳港东面的沙葛村找到了一块墓地。

清明节前几天的一大清早，一轮圆圆的红日从东边升起，那红光好像要把周围的几处云彩燃烧，一看就知道今天是个大晴天。朱家全家都早早起来了，吃过早饭后，陶太夫人和两个儿媳妇把买好的祭祀用品放入船中，朱柏庐先生和几个弟弟带着铁锹、锹、刨叉等工具走上船来。大家乘坐两条船从娄江码头出发，一直向东行驶来到青阳港。朱柏庐先生把带来的青壮年分成两组，一组在沙葛村墓地挖坑，另一组带着祭祀用品前往陶家祖墓。

在沙葛村墓地挖坑的一组在朱柏庐先生的引导下，找到了墓地。这是一处较高的地方，面积不是太大。大家随身带着工具，确定了坟墓的走向后开始挖了起来。大约挖了两个小时,一个长2米、宽1米、深2米的坑挖好了。朱柏庐先生留下一个人看守墓穴,自己带着其他人来到陶氏祖墓。先前到来的人已经等候在墓前,祭祀用的东西都已经摆好,朱柏庐先生叫二弟用白鸣放鞭炮。鞭炮响过以后,朱柏庐先生带着几个弟弟跪在墓前,一边点燃黄草纸,一边说:"父亲,孩儿不孝,直到今日才为你寻下一处好的阴宅,请父亲在天之灵饶恕你的儿子。父亲啊,今天我们带你走。"黄草纸燃烧的烟雾飘向空中,朱柏庐先生一家哭得泣不成声。

等到这些礼仪过后,朱柏庐先生让大家把父亲的棺柩捆结实,放到一个新买的大棺材中,这个大棺材已经被漆得黑而发亮。大家用绳子重新把棺材扎牢,然后准备抬到新买的墓地。棺材比较重,走一段,大家休息一会,最后终于把棺材抬到了沙葛村的墓地。

到了墓地后,朱柏庐先生跪在棺材前面,对着父亲的棺材说:"父亲,现在我们在沙葛村给你找了一块地方,这儿地势高仰,是一块风水宝地。你在这儿安息吧。"

说完之后,大家用长绳子把棺材慢慢放入挖好的墓穴中,朱柏庐和他的三个弟弟往棺材上填土。他们一边填土,一边情不自禁地流下了眼泪。已经出嫁的两个姐和妈妈哭得死去活来,旁边请来帮忙的亲朋好友也被这悲凉的气氛感染,天空中太阳偷偷躲进云彩中,一股冷风吹来,仿佛整个世界都在为先生的父亲朱集璜哀伤。

天空变得阴沉起来。在当时的政治环境中,既没有追挽的哀辞,也没有祭文,甚至不能立碑,这确实是埋葬的礼节不全啊!先生想到这些,不禁放声大哭。这时,妻子陶氏过来劝先生不必过于伤心,要保重身体。

棺材埋好后,先生的母亲陶太夫人在坟墓的前面放上祭品,朱柏庐先生兄弟四人跪在墓前,再次点燃纸钱。纸钱燃烧的火光炙烤着朱柏庐先生清瘦的面庞,透过火光,可以看到先生已经红肿的眼睛。

数月后，朱柏庐先生写信给表兄徐俟斋介绍安葬父亲的情况，同时感谢他答应为父亲撰写《朱集璜传》。后来，表兄徐俟斋为自己的表叔，同时也是自己的老师写了《朱集璜传》，这就是目前我们能在《观复堂稿略》中见到的《朱集璜传》。

清朝非常重视表彰忠孝精神。在乾隆四十一年（1776），朱集璜被奉入昆山忠义祠。

第二章 哀毁过度的青年

律己修身 垂训后世

祭陶仁节

陶先生既是朱柏庐先生的舅父，也是他的岳父。朱柏庐先生的母亲陶太夫人是陶琰同父异母的姐姐。

陶先生（1597—1645）名琰，《苏州府志》作陶炎，也有作陶琬的。陶琰，字圭稚，号别峰，昆山鸡鸣塘人。明朝崇祯年间他成为诸生，拜同里蔡懋德作老师。蔡懋德，字维立，号云怡。祖父蔡畴、父亲蔡允中，都因为他曾官河南右布政使而获赠同样的官职。因蔡畴原先过继到姑姑家，所以冒姓陈，等到蔡懋德做浙西参政的时候，上奏皇帝，恢复了本姓。蔡懋德端重、文静，七岁开始读《大学》，立志成为圣贤。十三岁就会写文章。十八岁补为诸生，二十一岁考中举人，他的文章曾名扬天下。后蔡懋德成进士，授杭州府推官。又升迁为江西提学道、山东按察使、山西巡抚等。他在李自成农民军进攻太原的战斗中自杀殉国，据康熙《昆山县志稿》记载，在当时太原成为一座危城的情况下，他展开巷战，死守城池，在退守到三立祠后，懋德两次跪拜先贤，在梁头的左边自缢而死。

蔡懋德重视气节，对陶琰颇有影响。在清军兵临昆山城下的时候，陶琰把附近的农民召集组织起来，共有三百余人。然后率领他们到县城支援，还未到达昆山城，就听说城池已经陷落。他悲痛地说："以发已经死了！"当天夜里，他躺在床上，眼前不断闪现老师蔡懋德和好朋友朱集璜的面孔。志同道合的老师和朋友已经为国殉节，自己为什么不和他们一起走呢？他于是也上吊自杀了。陶琰生前著有《仁节先生集》十六卷、《仁节遗稿》两书。《仁节先生集》十六卷现在收藏在中国社会科学院历史研究所图书馆。《仁节遗稿》是同县人柴源岷所编写的。陶琰死后，家人把他埋葬在祖墓的旁边。过了几天之后，装有朱集璜尸体的棺材也运来了，因为兵荒马乱不能够安葬，就把朱集璜的棺材瘗在陶先生的右边。当时的人说："朱断断，陶植植，生同学，死同穴。"

在舅父陶先生十周年忌辰快要到来的时候，朱用纯打算用清酌的奠仪祭祀他。此前的十年，朱柏庐先生一直生活在悲痛之中，每每想到两位亲人同时遇难，他是多么伤心啊！虽然用纯在二十四岁时开始到乡下教书，有时也应别人的邀请参加宴席，可是他的心总是沉甸甸的。对一个年仅十九岁的青年来说，两位至亲同时遇难，无异于晴天霹雳。一个人的一生，肉体上的痛苦远远没有精神上的打击严重。但是，朱柏庐先生是一个意志坚强的人，想到勤劳的母亲和年幼的弟妹，他决定坚强地活下去。

就在舅父陶先生十周年忌辰来临的前三天，朱柏庐先生开始沐浴更衣。因为天气已经热起来，他在家中准备了一个大木盆，妻子陶端烧了两大锅开水。开水烧好后倒入大木盆中，兑进一些凉水，用手摸摸，水温正好，又放入了一点香料。然后，陶端说："用纯，热水准备好了，你过来洗洗吧。"洗好后，朱柏庐先生换了干净的衣服。

忌辰来临的前一天早晨，妻子陶端到街市上买了香烛、清酒、鸡、鸭、鱼、果品等祭品。买来之后，她开始宰杀鸡、鸭、鱼，然后把它们洗得干干净净，用盘子装起来。朱柏庐先生则在忙着写祭文。这种痛苦的生活已经过了近十年，他真不知道这十年是怎么过来的。今天他要为自己的舅父和岳父写一篇祭文，写着，写着，禁不住流下了眼泪。先生实在是太伤心了，他开始不停地抽泣。他多么想放声痛哭一场啊！过了好久，先生才平静下来，他用衣袖擦干眼泪，继续书写祭文。

第二章　哀毁过度的青年

在舅父陶先生十周年忌辰的这天早晨,朱柏庐先生早早地起床。他总是黎明就起床,然后把庭院打扫得很干净。妻子和他一起在院子中摆上供桌,又把舅父的灵位安放在桌子上,再把盛有鸡、鸭、鱼、果品的盘子也放在桌子上。先生把大门紧紧锁了起来,因为清朝盛行文字狱,先生害怕外人知道祭祀舅舅的事情会带来不测之祸,所有这一切都在秘密之中进行。

此时,妻子已经把香烛点起来了。先生和妻子一起跪在舅舅陶琰的灵位前,两人跪拜了三次。然后,先生把自己写的祭文拿了出来,小声读了起来。文章如下:

维年月日,用纯谨以清酌之奠,敬祭于舅氏仁节陶先生之灵。曰:

先生以俯读仰思之精勤,吟风弄月之襟宇,嗣绝学于往哲。既而运会百六,伤心仇耻,从容委命,成仁取义,道至明也,节至烈也!岂非其人虽往,而有不与俱往者光于日月、伟于河岳哉。后死之人,则又安所咨嗟、悲惋于先生之殁也?而晦明寒暑之日,用纯敛膝顾影,辄不禁泪交颐下。痛先生之弃我,历十馀年而未之有已者。所与人同其情,则哲人之既萎;所不与人同其情,则知我之不再觏耳。

忆昔先生之爱用纯也,独冠诸甥。虽范豫章之许王悦、韩柱国之称卫公,亦何以过哉。见用纯髫龀时,不俟长者督过,能自读书,则先生喜;及长学为文,颇能纵横肆志,则又喜;乃至尺素相遗、偶然笔墨所及,自谓心手俱拙,而先生率勤勤叹赏,又喜过当。于是引置甥馆,以女妻焉。

当是时,用纯岂敢自谓先生之许我者以业成而行立也?不过头角颇异、孺子可教,乃稍借以品题耳。然而睹年华之鼎盛,幸际会之方休,以先君子为父,而又以先生为舅氏,且为外舅,入奉趋庭之训,出请操杖之益,苟非庸闇自弃,将来必不过为人下。若夫探微言而析奥义,不争旦暮间也。

岂知天地崩摧,域中波沸,鱼羊食人之岁,孤城掘鼠之秋,吾父既以横尸报国,为汨罗之继,不一日而先生又效王蠋以毕命。生我成我,同时殂谢,伤心到此,尚可言哉!语曰"士为知己者死",况当用纯家国祸酷?假令当日大义勇决,奋不惜身,从吾父于澄渊,则亦从先生于地下,岂非虽死之日犹生之年也邪?而志不出此,身世一乖,岁月易逝。想先生之仪观,竟复何言;托先生之遗文,唯有永叹而已。

然自十余年来,凡天下事物之故,贫穷、险难、拂乱、悲愤、震慑、可喜、可慕之遭,盖不知其计数。磨而后明,渐而后洁,意乃有以自信,虽百折而不回,窃谓差有当于先生之所期,而独悲夫不之见也;其得见用纯之今日者,又未必尽谓其然也。夫安得起先生于九原而问之,使先生而以为是,则虽一国非之而不沮,举世间之而不顾,益将坚所学焉,岂不快于心哉;使先生而未以为是,则所以教诲之、调护之者,必有进于今所成就,而岂徒令为廓落无当而已也。

故于先生之归幽壤,不觉哭之恸而告以文:先生其喜吾也耶?其不复喜吾也耶?

读着,读着,先生的眼圈红了,不久,眼泪扑簌簌地流下来。先生一边读,一边小声哭泣。最后,先生还是坚持读完了整篇祭文。

第二章 哀毁过度的青年

关爱弟弟

朱柏庐先生共有三个亲生弟弟,他们是用白、用皞、用商。先生深受中国儒家孝悌伦理的影响,对弟弟非常关爱,这种爱出自先生的天性。

在先生三十余岁的时候,用白和用皞这两个弟弟都失去了塾师的职位。虽然还有三弟用皞、四弟、五弟及自己的内弟跟随学习——五弟是叔叔的儿子,但先生除了自己的亲戚之外也没有其他的学生了。在新年的正月里,听到两个弟弟没有学生的事情后,朱柏庐先生忧心忡忡。作为长兄,他无时无刻不为弟弟们操心。父亲殉国之前,仅有两个女儿出嫁,儿子中结婚的仅有先生一人。先生下面的几个弟妹,都是先生的母亲辛辛苦苦为之操持婚嫁,先生夫妻两人也是全力帮助。在两个弟弟结婚成家后,先生有时还要为他们操心。这次两个弟弟失去塾师的职位后,先生在学馆中草草写了一封信让他们抓紧学习作文,提高作文水平。在《与二弟三弟》这封信中,先生说,因为新年正月事情很多,未来得及检点一下两个弟弟的学业。叔叔提议先生让两个没有徒弟的侄子每逢三六九日作文,以此来提高他们的作文水平。其实,先生也在考虑为两个弟弟筹划学生,帮助他们糊口谋生。除此之外,先生痛责自己未能对弟弟的学业严加督责,他认为这是自己最大的毛病。他把写有叔叔建议的信札交给两个弟弟阅览的同时决定:从此以后,给他们各定课程,课程不贪多,量一日精力能够完成就可以，尽量稍宽一些，因为锐进时进步很快，退步也会很迅速。先生替两位弟弟考虑得很周到，对于没有关心到的地方就会痛责自己，这体现了先生对弟弟深深的爱护之情。

后来，三弟朱用睤不幸病重，当时他的儿子朱导诚年仅六岁。朱用睤在病情危急的时刻，拉着朱柏庐先生的手，指着导诚说："我快要走了，这个孩子拖累长兄和大嫂了。"先生流着眼泪对弟弟说："你放心地走吧，你的儿子就是我的儿子，我会精心抚养他的。"后来，先生夫妻二人就像抚养亲生的儿子一样抚育导诚。尤其是先生的妻子陶氏，她和六岁的小导诚一起休息，一起起床，吃住都在一起。她养育他，教导他，使他长大成人。十几年后，二弟朱用白也去世了，先生非常痛苦，经常悼念他。先生和唯一的弟弟用商相处更为亲密。

四弟用商是父亲朱集璜殉难那年遗腹而生，由于受到宠爱，在成人后不仅生活困窘而且不思进取。作为长兄，先生希望他修炼人品，成为一个有用的人。在听说弟弟用商找到了一份坐馆的工作后，先生给他写了一封语重心长的书信，大意如下：

刚才，五弟来到我这儿，我知道弟弟明日到别人家任家庭塾师的日期已经确定下来。听到这个消息，我一是欢喜，一是担忧。

欢喜的原因是，往年担忧弟弟无所事事，今年有学馆可坐，不仅可以拘束自己，还可以得到数挑馆谷，有助于糊口。担忧的原因是，我虽然比弟弟你年长近二十岁，我们却互相同情、互相爱护，然而我也不知道年龄会悬殊这么大，仅仅知道古人所说的兄弟之间携手并行、亲密无间。现在你到乡村处馆，不免有分离的感觉。这次分别，弟弟不能时常来看我了，也不能时常得到关于我的消息了。而且弟弟此去处馆，如果能奋然振起，大改从前的不良习惯，那么成家立业，也靠这次机会；如果还是积习不改，过了两年，那么将来情况不知败坏到何种地步，对于你这次前去处馆我岂能漠不关心？

现在没有其他话说，但愿弟弟体会我的意思，自到学馆之后，竭尽全力教好学生。第一要早睡早起，第二要与酒无情，第三要功课及时。在完成学馆中教学任务后，还要充分利用业余时间，潜心学问，以作终身之计。无论是学医还是习字，同学习一样，就要务求其精，沉浸其中。一是有志者事竟成，二是皇天不负苦心人，将来的前途不仅仅是乡村塾师。即使是做乡村塾师，家道也一定能略微宽裕。这次弟弟前去，我感到有点安慰；不仅仅是安慰，我的病情也可以去掉一半！

以前看到弟弟没有办法解决生计问题，我也非常惭愧、愤恨自己贫穷，没有钱财帮助弟弟救急。虽然兄弟很好，能够互相帮助，不过这是解一时的困难。自己努力，成就一业，这样才可以终身受用无尽。弟弟天性孝顺，和别人家的不肖子孙不能相比，别人因为上无父母，下无兄长。你如果只是还和以前一样懈怠，最终自己会受到拖累，到现在已经吃到很多的苦头，自己应该幡然悔悟了。从此，你应该竖起脊梁，振奋精神，不仅振兴家道很有希望，而且可以使你的品德有很大进步。

我的话就说到这儿，一字一血！弟弟常常看看我写的这封信，就如同常常和我面对面。三月二日，用纯灯下书。

在这封信中，先生对于即将处馆的弟弟谆谆教导，字里行间，渗透着血脉深情。

从先生关心爱护用白、用鼐、用商三个弟弟的事迹中，我们深深感受到先生的平实、先生的真诚、先生的友爱。

崭露头角

朱柏庐先生在三十一岁前的人生可以分为两个阶段,第一个阶段是从二十一岁开始跟随夏永言老师学习,第二个阶段是从二十四岁开始隐居教授。在第二个阶段,他在默默无闻中教育学生,只是偶尔写篇文章。

从现存的朱柏庐先生的历史文献看,他在顺治七年(1650)写了《巨涛族伯寿序》;在顺治十年(1653)秋天,先生写有《祭祀王诚履表兄文》;在顺治十二年(1655),写祭文《祭舅氏仁节陶先生》悼念自己的舅父和岳父陶仁节先生;在顺治十四年(1657),应明崇祯进士、翰林院右春坊右中允徐开禧的请求,为他撰写《两闱杂记小序》。从作文对象的身份来看,巨涛族伯是从上虞退休的县级官员,可能是知县、县丞或主簿;王诚履表兄的身份是国学生;陶仁节先生是明末的诸生,而且是先生的舅父和岳父。

徐开禧(1598—1674),字锡余,一字尔绥,号念休,又号念庵。天启元年(1621)辛酉科经魁,崇祯元年(1628)戊辰科进士,被选送到工部见习,历任湖广衡州临武知县。在知县的任上,他勤于政务,饬行保甲制度,在险要的地方建立嘉木堡要塞使贼寇不能进入。他管辖的县境内老虎很多,他就发布檄文命令猎户狩猎它们,老虎的祸害就没有了。不久,他代理桂阳州知州的职务,倡导潇湘文会来奖励年轻人。在湖广充当乡试同考官时,因为廉能,他两次获得卓异的奖励,被擢升为翰林院编修。崇祯八年(1635),因为祖母诸孺人去世,回乡丁忧。在丁忧结束后,他被补为翰林院侍讲,充当经筵日讲官。在给皇帝讲《洪范篇》时,他反复引喻,忘记了疲倦,皇帝老是用眼看他。他典试福建乡试,任正主考官。在他将要进入考试的试院前,有大官派人送来黄金请求他为自己的儿子通关节,他坚决不收。崇祯十六年(1643),他升职为右春坊右中允,参与修纂《大明会典》。他对东南父老尤其体贴,当时苏州、松江、常州、嘉兴、湖州五个地方的白米按照规定都是选拔富人解送到北京,大多数富人因此而破产。他和同僚议论后,以官府解送上告皇帝,被著为例令。崇祯十四年(1641),江南大旱,很多老百姓流离失所,国家的税收无法征收,他特地上疏皇帝为民请命,祈求俸米打折,用麦来补充,又请求免除加收、练饷和脚耗等,这些都获得了允许。崇祯末年,军队需求非常急切,他特地写了《国用生节》二十余条。崇祯十七年(1644),他因为母亲去世,回乡丁忧。他刚刚回到昆山,明朝就被农民起义军推翻了。顺治十一年(1654),顺治皇帝下旨起用他,郡县的长官极力督促他上任,他却以自己有病推辞掉了。康熙十一年(1672),他在修《疆域志》时为总裁,敕授承德郎。他的著作有《古照堂文集》二十卷、《涉园琐记》三十卷、《宗族谱》八卷、《韩山考》十卷、《昆山志稿》二十四卷、《修疆志》等。

　　从上述对徐开禧的介绍中,可以看到徐开禧在明末曾经先后充当过湖广乡试的同考官、福建乡试的主考官,最后还做到了右春坊右中允。古人云"三十而立",在朱柏庐先生三十岁的时候,他的事业已经建立起来。《两闱杂记小序》是应明崇祯进士、翰林院右春坊右中允徐开禧的请求,为其所撰的《两闱杂记》作序。尽管徐氏在入清以后,已经辞官归隐,但作为曾经官至翰林院右春坊右中允的人,却请一明朝的小秀才、现今的弃巾山人和落魄布衣作序,足可说明朱柏庐先生在而立之年已经在当地崭露头角了。他写的《两闱杂记小序》文章如下:

太史徐先生之分司楚试也，为庚午之岁，用纯犹未就傅；其主闽试也，为壬午之岁，用纯已学为文章。因先大人之与先生交也，得尽闽士之文而请读之，叹为绝盛。盖其文千变百出，不可端倪，要皆闳于中而肆乎外者。夫以闽之郡八，士之挟其文以试者五千余人，其间斐才者何限？先生拔尤简异，所收者皆闽产之英奇、人伦之秀粹，于是叹先生取士之明也。惜我生晚，独不及读先生分试于楚之文，则未知所获之楚才又何如也。越十五年，先生始以《两闱纪事》示用纯，且命之序。用纯受以卒业，见先生奉命以往，自邮传、舟车及乎棘院、门馆、宫室之间，罔弗密勿从事，而士子之文搜罗剔抉，唯恐一有不当，上失祖宗以来育才之报，下负儒生数十年简练之苦，前后一辙也。宜乎鬼神式临，时或见之。而一时之襄事者，亦相与惟公惟勤之交敕。呜呼！士大夫身任国家之重寄，有能夙兴夜寐、惴惴小心，罔或怼乃职者，曾几人哉！于是叹先生得人之所以盛，又不惟其明也，盖以慎，故明也。彼夫荐士皇朝，受馈私门，与夫士子之妄于荣进，谓暮夜无知者。读先生之纪事，亦可以少息焉。虽然先生之恪于事，又岂必在试事也已？

从这篇文章，我们可以看到，朱柏庐先生的文章简洁、生动，很有文采。我们不难知道隐居教书的他通过几年默默耕耘，在而立之年已经崭露头角了。

第二章 哀毁过度的青年

第三章
坚贞不屈的中年

朱柏庐先生按照程朱理学严格要求自己,并执着地以程朱理学抨击明末清初的世风和士风。随着先生道德文章的提高,他在昆山已经有很大的影响。先生始终坚贞不屈,不为清朝的功名利禄改变自己的志向。不论是叶方恒推荐他参加康熙十七年(1678)的博学鸿词科,还是地方上推荐他为乡饮大宾,他都不予接受。为了表明自己"忠诚、信用,以作伪为耻"的志向,特地书写自传明志。

毋欺錄

昆山朱用純柏廬著

余於酬接時或所言或被問往往道逑時事既非吾分內事且未必所聞之有據不亦妄乎自後切戒

小人有畏人非議之心則其為不善也無力君子有畏人非議之心則其為善也亦無力

莊子曰呼我為馬者應之以為馬呼我為牛者應之以為牛謝文節引之以却胡元之聘然正須有壁立千仞百折不回之操始可語此不然其去笑罵由他笑罵好官自我為之者幾何矣

人必欲自見其是是大病處

撰《毋欺录》

《毋欺录》，也叫《无欺录》，是朱柏庐先生三十二岁时开始撰写的。该书在朱柏庐先生去世后，由先生的弟子吕廷章整理收集，编辑成书。迄今为止，未有人见到吕廷章刻印的原本。《毋欺录》目前存有多种版本，收藏在上海图书馆的是道光二十二年（1842）刻本、同治八年（1869）潘道根编辑的石印本、同治十三年（1874）的虞山顾氏刻本、光绪二十六年（1900）玉山书院刻本、民国年间上海鸿章书局出版的铜字版等。昆山市档案馆收藏了光绪二十六年玉山书院刻本。这本书共分为上、下两卷，全书近六万字。如果按照以前的经、史、子、集四部分类法来分类的话，可以把它划归子部儒学类性理之属。《毋欺录》基本按年记录了朱柏庐先生对理学道统、世俗人心、伦理教化、时弊民瘼的认识和关怀，朱柏庐直到去世之前才停笔。这本书缺少的年份是康熙十三年（1674）、康熙十五年（1676）、康熙十九年（1680）、康熙二十年（1681）、康熙二十二年（1683）这五年。对于这本书，本县后学潘道根说："读了这本书，感觉先生平日进德修业、省身克己、处事接物的要点，都在里面了。要想对先生做全面的了解，必定要看书的原本和全部，然后可以看到先生没有一事放过，没有一事错过。"先生的遗民朋友杨无咎说："朱柏庐先生的这本书秉承的是圣贤的资敦明善诚身的学问。"

顺治十五年（1658）的新春刚过，朱柏庐先生迈入了三十二岁的年纪。他从二十四岁开始一直在乡下坐馆教书,在几年默默无闻的耕耘中,先生的教学成绩突飞猛进。由于他竭尽全力认真教学,下课后还经常练字,他的书法作品虽然在当时不是太出名,但是还是令学生的家长十分青睐。坐馆期间,他从不饮酒,因为他害怕喝酒误事。每天,他把学生的功课及时批改完成后,就早早上床休息。他对学生的家长很是尊重,对乡邻也很谦和。虽然父亲朱集璜殉国的隐痛时刻伴随着他,但是他不愿意让这伤痛影响到教学和与亲戚、朋友的交往。随着他教学成绩的日益突出,先生也开始崭露头角。但他还是在乡下坐馆教书,偶尔回到家里,帮助妻子做点力所能及的家务,和母亲聊聊天。回家享受天伦之乐是令先生特别开心的一件事,先生的两个女儿也很可爱,一个七八岁,一个四五岁,两个小孩的头上扎着羊角辫,头发梳理得很整齐。每次先生回到家里,她们都要让先生抱抱、亲亲。先生坐在板凳上的时候,她们就躲进先生怀中,调皮地抚摸先生的胡须。先生的胡子有时会被扯痛,但他从来不向小孩子发火。春节前,乡下已经有人找到先生,邀请他到乡下去坐馆,约定过了初八就要行拜师礼和开学。

  在春节前后的日子里,先生好好休息了一下。一年来不仅要辛勤地教育学生,还要往乡下坐馆。在乡下坐馆的绝大多数时间里都要住在乡下学馆中。在春节前三天,学馆放假了。学生的家长把学费全部结算给先生,还给了新年的贺仪,先生把钱物带回家中作为来年的花销。

  春节后的一天上午,先生饭后走出了家门。天空灰蒙蒙的,又湿又冷的空气迎面吹来,天空中的小雨如丝。先生来到了顾鸣仲先生居住的霖雨堂,此堂在玉峰山的前面,曾是太保顾鼎臣回乡归老的地方。顾鸣仲先生是顾鼎臣的后裔,人品醇厚,每年都在堂前种植很多美丽的鲜花和修长的树木。先生一走进顾鸣仲先生的家门,就看见顾鸣仲先生在和别人聊天。顾鸣仲先生热情地招呼朱柏庐先生坐下,并对妻子说:"给用纯搬张椅子来,好久没和用纯聊天了。"

顾鸣仲先生说:"用纯,你近来还好吗?"

朱柏庐先生儒雅地说:"谢谢老先生的关心,我近来还好。"

顾鸣仲先生说:"用纯,你母亲天天那么勤快,最近身体怎么样?"

朱柏庐先生小声说:"母亲总是吃素食,最近身体有点毛病。"

顾鸣仲先生说:"你要给他抓点药啊!"

在和朱柏庐先生聊了一会后,顾鸣仲先生才继续和别人聊天。聊着,聊着,顾鸣仲先生慷慨激昂地说:"当今的世道真是恶薄,我们这些人要在自己的所作所为上努力树立较好的社会形象,对于改正恶薄的风俗是非常有好处的。"

听到他的讲话,朱柏庐先生深表赞同。当今社会到处是唯利是图,人与人之间奸诈欺骗,确实是恶薄的风俗啊!先生把厚俗的希望加在我们身上,真是任重道远啊!

谈了一会儿,先生感觉时候不早了,就向顾鸣仲先生告辞回家。在回家的路上,冰冷的雨水向先生淋来。先生一边走,一边思考,任凭雨水像刀子一样割自己清瘦的脸庞,打湿自己的衣服。先生回到自己家中后,慢慢走进相在书屋,取出一个大本子,在上面写道:"戊戌岁,顾鸣仲先生谓,今日世道恶薄,吾辈只是立身行己处著力,正厚自益尔良然。"

第二天,朱柏庐先生到叔父家拜年,叔父家来了客人,朱柏庐先生就在叔父的书斋中听他们谈话。谈话的内容非常有趣,朱柏庐先生听了好久。回到家中,他感觉在叔父的书斋中听客人谈话的时间太久了,于是就非常愧疚,反复自省,为了让自己记住要珍惜时间,他就在上次的本子上写道:"叔父斋头听客话甚久,光阴可惜。"

朱柏庐先生是一个自省的人,他常常把自己的所作所为记录下来,作为自己对于生活的思考。他还把生活中的事情也记录下来,例如,徐仲舒先生来拜访他的事就被记录了下来。

徐仲舒先生名徐开远,字仲舒,号赤松,排行老二,十四岁就考入县学,成为诸生。崇祯十二年(1639)举人。在昆山遭清军屠城中,他的长子和次子都被清军杀死了,还把他和三子捆绑起来,赶到昆山的西城墙上。他的三子对清军说,宁可把我杀了,也不要伤害我的父亲。此时忽然下起大雨,徐仲舒从城墙上跳水而逃,三儿子被清兵杀死了。他逃脱后遇到清军骑兵,又被射了三箭,砍了三刀,所幸还是活了下来。后来,他参加顺治十六年（1659）御试,被授宝庆府推官,很有政绩。

在记录中,朱柏庐先生说:"徐仲舒先生来到我这儿,大谈国家的赋税沉重、官府的凶猛、老百姓的不幸命运、人生的无常,我们相对皱着眉头,不知不觉就到了傍晚。噫,三斗二升五合的国赋,是明朝正供的数额。然而打折的有十分之六,不打折的有十分之四,现在的漕米就需要这个数目,而且又每亩收取税金一钱,老百姓怎么能忍受呢,忍受不了又怎么办呢?"

就这样,先生把有关理学道统、世俗人心、伦理教化、时弊民瘼等记录下来,开始了《毋欺录》的撰写。

吊陆孝子

"一年之计在于春,一日之计在于晨",这句俗语说得非常好。又一个春天来到了,朱柏庐先生又长了一岁,他三十三岁了,这个年龄正是人生中走向成熟的时候。春天里的一个早晨,天刚蒙蒙亮,朱柏庐先生早早起床,把家中的庭院打扫得干干净净。然后,他会在父亲的灵位前诵读《孝经》一遍。读完《孝经》之后,他突然想起一件事情,几天前顾荀若曾邀请自己去吊陆孝子的墓。陆孝子的墓在城东南隅,顾荀若居住在墓的旁边。他和先生一样是塾师,一生没有功名,以教书为业,但性格却很豪爽,酒量很大,喝再多,都不会醉。他一生愤世嫉俗,曾在徐俟斋家中坐馆。他出生在万历三十三年(1605),他的年龄是五十五岁,比朱柏庐先生大二十二岁。

朱柏庐先生在接到他的邀请之后,又联系了几个好朋友。常和朱柏庐先生走动的有顾鸣仲、徐仲舒、葛瑞五、归庄、德下、岳心、坤行等,于是朱柏庐先生和他们约好一同去吊陆孝子的墓。

朱柏庐先生吃过早饭,特地换上干净衣服,这时已经有六七人来到了朱柏庐先生家,于是他们一同前往陆孝子之墓凭吊。在中国,非常重视孝道,例如作为儒家经典之一的《孝经》中写道:孝子丧失了父母亲,要哭得声嘶力竭,发不出悠长的哭腔;举止行为失去了平时的端正礼仪,言语没有了条理文采,穿上华美的衣服就心中不安,听到美妙的音乐也不快乐,吃美味的食物也不觉得好吃，这是做子女的因为失去亲人而悲伤忧愁的表现。父母之丧，三天之后就要吃东西，这是教导人民不要因失去亲人的悲哀而损伤生者的身体，不要因过度的哀毁而灭绝人生的天性，这是圣贤君子的为政之道。为亲人守丧不超过三年，是告诉人们居丧是有其终止期限的。办丧事的时候，要为去世的父母准备好棺材、外棺、穿戴的衣饰和铺盖的被子等，并妥善地安置进棺内，陈列摆设上簋类祭奠器具，以寄托生者的哀痛和悲伤。出殡的时候，要捶胸顿足、号啕大哭地哀痛出送。占卜墓穴吉地以安葬。兴建起祭祀用的庙宇，使亡灵有所归依并享受生者的祭祀。在春秋两季举行祭祀，以表示生者无时不思念亡故的亲人。父母亲在世时以爱和敬来侍奉他们，在他们去世后，则怀着悲哀之情料理丧事，如此方尽到了人生在世应尽的本分和义务。养生送死的大义都做到了，才算是完成了作为孝子侍奉亲人的义务。这些思想对于倡导理学的朱柏庐先生很有影响。

　　朱柏庐住在玉山镇通阓桥东面的观复堂。他们一行六七人沿着街道边走边聊，朱柏庐先生和岳心离得最近，两人是多年的老朋友，非常谈得来。

　　孝子陆安和烈妇钟氏的合葬墓在昆山县东城荐严寺南。孝子陆安字修平，昆山县城道德坊人。他的父亲陆德甫素来喜欢交朋友，朋友中有一人触犯了国法。陆德甫为这个犯法的朋友做了担保，却不知道他犯下的是重罪。他的朋友出狱之后就逃跑了，当时的国家法律很严，实行的是"保结"制。凡被保的人逃脱惩罚，就要惩罚为其担保的人。陆德甫被戴上刑具押送到了南京的监狱，以抵偿他朋友的罪过。当时，陆安仅仅二十一岁，刚刚结婚不到半年。他告别自己的妻子钟氏，刺血书写代替父亲受死刑的惩罚。他在衣服上写了"代父典刑"四个字，趴在皇帝的宫门口请求代替父亲受刑，皇帝朱元璋下诏同意了他的请求。陆安在被送往刑场的路上，神色没有丝毫的改变。旁边观看行刑的人没有不流泪的，大家都被这种替父亲受刑的精神感动。陆德甫请人把儿子的尸首火化，用布囊装着他的骨灰回到了家乡昆山。陆德甫刚刚进入家门，他的儿媳妇钟氏见到自己的公公很是高兴,非常急切地询问她的丈夫陆安的情况,公公指了指布囊就大哭起来。钟氏知道自己的丈夫已经去世后极为悲痛,不久她就上吊而死,她死去的时间是在洪武二十六年(1393)。后来,陆德甫把两人合葬在昆山县东城荐严寺南。明朝万历三十二年(1604),昆山县教谕沈应奎专门写了祭祀两人的文章。后来在崇祯年间,坟墓被临近居住的人侵占。因为被两人的殉死精神所感动,当地的绅士诸永明等把已经被侵占的坟墓赎取,重新修复了两人的坟墓。当时昆山县的知县万曰吉在两人坟墓的碣石上题写了六个字:孝烈双修之墓。

不久,一行六人来到了荐严寺。这是一座千年古寺,在昆山县治东南三百步。此寺最早建立的时间是唐天佑三年(905),由吴越镇遏使刘璠舍宅建成。当大家走过这个只有一个阁楼的荐严寺时就会看到孝子陆安的坟墓。他的坟墓不是太大,墓前立有一块青石碑,这块青石已经泛白,上面的几个字已经模模糊糊,经过仔细辨认还可以看到几个字:孝烈双修之墓。朱柏庐先生表情庄重地站在墓前,其他几个朋友也都很严肃,大家默默地站在墓前。墓前有一张石桌,有人就把带来的祭品放在石桌上,有人把纸钱点燃,随着纸钱青烟的袅袅升起,朱柏庐先生陷入了深深的沉思。陆孝子赴死救父是最大的孝,而钟氏捐弃自己的生命为夫殉葬是最杰出的烈,明太祖能够成就陆安的志向是最大的仁。

"到我家喝茶!"忽然有人打断了朱柏庐先生的思索,原来是顾荀若在招呼大家到他家喝茶。

大家凭吊完陆孝子之后,来到了顾荀若的家中。喝完茶之后,顾荀若请大家吃了午饭。朱柏庐先生深深地被陆孝子、钟烈妇的行为感动,以致吃饭的时候,难以下咽。

修身洁行

"修身、齐家、治国、平天下"是传统时代中国士大夫所极力追求的理想,朱柏庐先生生活在传统时代,也深受这种理想的影响。但是作为一位弃去功名、隐居教授的教师已经不可能去治国、平天下了,唯一可以选择的是修身、齐家。修身是最基本的,只有先进行内心的道德修养,才可以把家庭管理好。因此,在日常生活中,朱柏庐先生把修身洁行作为自己提高道德修养的重要手段。

他要求好友积极指出自己的过错,以便有利于提高自己的道德修养。顺治十六年(1659)的一天,朱柏庐先生因学生放假而休息。但即使是在休息的日子里,他仍然会坚持多年形成的良好习惯——天刚蒙蒙亮,先生就起床了。他把自己家的庭院打扫得干干净净,并给刚扫好的地面洒上了清水。先生虽然很清瘦,可是多年来养成的早睡早起的良好生活习惯,又加上早晨的扫地,使他的身体一直比较健康。一轮红日从东方冉冉升起,放射出万道霞光,这些霞光照在先生的脸上,仿佛要把他的脸染红了。先生看天气如此晴朗,十分高兴。早饭是用大米煮成的粥,先生在吃饭的时候把整个碗里的大米吃得一粒不剩。饭后,先生穿过狭窄的街道,来到了昆山城墙的一个角落。晴朗的天空,万里无云,碧蓝的天空,一望无际。先生打算和荀若、瑞五、宾之等人一起去拜访灵默上人。先生在城墙角落等了一会,荀若、瑞五、宾之等人就来了。先生和他们一起前往拜访灵默上人。来到灵默上人的住处后,他们发现他非常忙碌,正在招待前来烧香的客人。但是,灵默上人看到先生等人后还是抽出时间稍微陪伴了他们一会。过了一会,先生看到灵默上人还是很忙碌,就回去了,顾荀若留了下来。

瑞五、宾之等几个老朋友来到先生家中,先生让妻子陶端准备酒菜。这时,德下也来了。德下名呼谷,号葵园,小时候冒姓曹,名简。他和先生一样,在明朝末年成为诸生,后来弃去功名,居住在迎薰门外。酒菜准备好之后,几人坐下吃酒,他们一边吃酒,一边谈论,场面非常欢快。在几位朋友聊得正投机的时候,先生慷慨激昂地说:"朋友之间的大义在于劝做善事和发现过错而规劝,我们彼此之间劝做善事是确实存在的,发现过错而规劝的却比较少见。从今以后各位务必勉励。"

德下说:"你只要检查自己就可以了,不必让朋友来指出你的过错。"瑞五赞同德下的观点。先生说:"我们还没有达到这个地步,即便是圣人,对着很多的事情,怎么能都应付过来?应当借助良友匡正他做得不对的地方。"宾之说:"如果借助他人,匡正错误在多数情况下来不及。实际上我学问浅薄,怎么敢多说一句话呢?但是看见现在所说的内省的人,他的行动举止未必没有过错,然而谁不会犯错误呢?"

不久,先生说了一句开玩笑的话,瑞五马上检举了他的这个过错,先生把手放在额头上说:"谢谢你的恩德。"

瑞五说:"如果你有这样的胸怀,那么就不必害怕每日听不到自己的过错,不必担心每日劝善的话语不到来。"

这次关于修身的讨论给了先生很大的启发,他认为除了请朋友指出自己的过错之外,还要善于自省。先生此前也曾自省过,但那毕竟是自发的。顺治十五年(1658),先生对于清政府征收漕米的事情愤愤不平,往往说出愤激的话语,遇到想寻仇雪恨的人就极力鼓动劝说他去做。事情发展到这样的地步,是上天的安排,岂是一个人的力量能够改变的?违反天意必定会有大错,若真如此做也只是自己获取侮辱和祸患罢了!又何况是自己不做而暗暗劝别人做这件事呢!当日,先生不禁反省自己的所作所为，他深深地感到后悔。同年清明节前，先生在扫墓之后回到船中，谈到县令不仅懂医学还非常善于绘画时，先生说了一句猥亵的话语。很快，先生就开始反省自己。先生想，好朋友不适合开玩笑戏弄，在祭祀的时候不宜亵渎祖先，对叔父和弟弟们不宜言语冒犯。从上面的两件事情可以看出：先生自发地反省自己的言行。

在和朋友讨论过修身的方法之后，先生开始自觉地反省自己。顺治十八年（1661），先生越来越多地检查自己、反省自己，虽然他的性格非常平缓，然而却易于急躁、易于发怒，先生十分想知道原因。这天，先生又为一件小事忽然大发雷霆，等到事情结束之后，在反思这件事的时候，他却回忆不出当时因为什么样的话语而发怒了。因此，先生意识到，以后如果平时不加强身心修养，那么在事情来到之时，便不能慎重处理，自己终将学无所成，而成为无用之人。

康熙元年（1662），先生又一次反省自己。他的性格懦弱忍让，在处理事情的时候往往不能当机立断，每次都要借助母亲的果断来处理事情，甚至有时候要在母亲大声呵斥、怒形于色的时候才能振奋。先生反省道："年龄都这么大了，然而自己还像小孩子一样，古人在进入学校之后学习很多知识、通晓很多事情，轮到自己怎么行不通了呢？"先生感觉很是惭愧，母亲对自己的大恩大德更是无法报答。通过这样一次反省，先生感觉自己要改变性格气质，培养自己处理问题的能力，只有这样，才能报答母亲的养育之恩。

先生反省自己的事例不胜枚举，而且都真实地记录在了自己的著作《毋欺录》中。他真实记录自己修身洁行的过程，记录自己的心路发展，对于自己的所作所为并不讳言，这种真实的态度是先生修成正果的真正原因。不论先生采取何种修身的方法——或者别人帮助指出缺点，或者自我反省，这些毕竟都只是完善自身的手段，只有真诚的态度才是解决修身问题的核心。所以，我们在学习先生修身洁行的时候，不仅要学习他修身的方法，更要学习他真实的态度。

奉养母亲

先生的母亲陶太夫人生于万历二十八年（1600），在康熙三年（1664）闰六月十六日因病去世，死时六十四岁。陶太夫人是陶琰的异母兄妹，昆山鸡鸣塘人。她在二十六岁时生下长子用纯，此后在昆山起义前生下用白、用皞。在朱集璜投水自杀殉国的时候，陶太夫人有孕在身。除了三个儿子之外，她至少还有三个女儿。在明末清初的昆山，像这样多人口的家庭是比较少的，要想养活这么多的人口需要一定的经济收入。朱家的经济收入主要来自先生的父亲朱集璜，他先后教授弟子数百人，养家糊口自然无虞。但是在朱集璜先生去世以后，朱家相对优越的生活结束了。

先生的父亲去世以后，朱柏庐先生痛不欲生，昼夜恸哭。当时，他的弟弟用白、用皞年龄幼小，用商是遗腹子，还未出生。先生既要奉养母亲陶孺人，又要抚养年幼的弟弟和妹妹。为了躲避战乱，他带着母亲和年幼的弟妹逃到族叔汝任的家中，借屋居住。战争结束后，他们一家才回到昆山县城的家中。可是，家中的财物荡然无存。在这种情况下，先生和夫人陶端只能白手起家，先生到别人家中处馆教学，用当塾师的酬金来养家糊口，妻子陶端特别勤劳，以女工来帮助先生养家，每天晚上，都可以听到陶端的纺车声和使用剪刀发出的声音。

朱柏庐先生的母亲因为年轻的时候非常勤劳，后来又生育多个子女,到晚年的时候身体尤其多病。一天,朱柏庐先生正在学馆中教学,忽然从窗口看见二弟急匆匆的身影。先生急忙走到门口,问道:"用白,你为什么这么慌张啊,家中出了什么事情?"

用白急切地说:"妈妈又病了,没有钱抓药,你看看能不能想想办法?"

先生犹豫地说:"还没到结算酬金的时候,我到哪儿找钱去呢?"

用白着急地说:"母亲经常生病,家里的钱都用光了,总不能不给她看病啊。"

先生坚定地说:"病总是要看的,你先回去,让我想想办法。"

用白走后,先生自言自语:"看来,只有找几个学生的家长借钱给母亲看病了。"

中午,先生和学生的家长一起吃饭。先生吃饭比往常慢了一些,神色有点不太自然。学生的家长看到这些,感觉先生可能有心事,就问:"朱先生,你有什么心事吗?请讲出来,如果可以帮你,我会帮你的。"

朱柏庐先生忧郁地说:"我的母亲又生病了,家中没钱给她看病,你可以预支点酬金吗?"

学生的家长真诚地说:"可以啊!朱先生真是个孝子。"

朱柏庐先生又说:"我还想请两天假回家照顾一下母亲,顺便把钱带回家看病。"

下午放学后,先生拿着学生家长预支的酬金回到了家中。傍晚,他就给母亲请来了郎中。郎中给他母亲看完病之后,说:"你母亲的病不是太重,主要是营养不良造成的,要多吃点肉食。我这里给她配几副药,好好调治一下。"

送走了郎中,先生开始思考郎中所说的话。母亲一生不知吃了多少苦头,近年来因虔诚地信仰佛教,不吃荤肉。以前,因为害怕违反母亲的意志,从来没有劝阻过她不吃荤肉。母亲身体素来赢弱,近年来,病得更重了,就开始劝导她要吃点荤肉。可是,母亲却并不同意这件事。怎么办呢?先生想了一会,还是去找显若吧!"

见到了显若,先生说:"显若,最近我母亲老是生病。医生说需要多吃肉,可是她信佛好多年了。你看看能劝说她吃荤吗?"

显若说:"啊,是这样一件事。好的,我很高兴去劝说伯母。"

经过显若的劝导,在早晨传来了好消息,母亲终于同意吃荤肉了。

晚上,妻子陶端把荤肉切成小块,放入作料,用文火煮熟,然后把肉盛在碗中。朱柏庐先生端着散发出阵阵香气的饭碗,走到母亲面前,请求她开荤。母亲听从了他的话,拿起筷子,夹了一小块肉放入嘴中,朱柏庐先生开心地笑了。

第二天,朱柏庐先生回到了学馆,晚上他心里总是感到不安宁。他深深地感到遗憾,自己既不能给母亲端药送饭,又因要到别人家处馆为生,羁留在学馆中而不能侍奉母亲时刻问安。他不觉想到鲍照的话:"一息不相知,何况异乡别。"就在这天晚上,他拥着被子却没有睡着觉。想着,想着,他不觉伤心起来,泪流满面。

一年中的大多数日子,朱柏庐先生都住在学馆中。但是只要回到家中,他就侍奉在母亲身边。夜晚,朱柏庐先生和母亲一起聊天,两人聊得十分开心。此情此景中,先生体会到天下可喜可乐的事情哪有超过天伦之乐的事情啊!

日子过得很快,母亲的六十大寿快要到了,这年先生已经三十四岁。由于先生教学认真,品德高尚,县中人们争相延请朱柏庐先生设席教子。先生考虑到请求的人太多,无法应对,就对前来要求设教席的人说:"你们有志向学习,为何不到我家中来呢?"他谢绝了前来聘请的人,在家中的相在书屋设置了家塾。跟随他学习的人越来越多,无论是在寒冷的冬天还是在酷热的夏天,朱柏庐先生终日讲学,一点都不疲倦。他在教授学生的过程中,以忠恕作为原则,严格要求自己,而对别人却很宽恕,所以跟随他学习的学生愿意服从他的教导,而且心悦诚服的学生很多,因此先生教学的酬金也增加了不少。为了尽自己的一点孝心,他决定为母亲的六十大寿操办一下,并写信请求表兄徐枋为母亲写寿序称觞为寿。

在母亲六十大寿的前一天,朱柏庐先生因为要忙着料理祝贺母亲大寿的事情,所以给学生们放了几天假。妻子陶端也忙着做准备工作,制作过寿用的寿桃、寿饼等物品。因为家中的人口本来就不少,再加上已经结婚的两个姐姐和两个姐夫,还有几个弟媳妇,家里的几间房子里到处都是人。虽然很吵闹,可是陶太夫人却高兴得合不拢嘴巴。陶太夫人虽然年纪大了,有时还疾病缠身,但能看到自己的儿孙,她就非常高兴。

在母亲陶太夫人大寿的这天,先生早早起来,张罗中午的寿宴。在寿宴上,朱柏庐先是朗读了表弟徐枋所写的《朱师母六十寿序》,信中所写的内容令在场的家人感动不已——表弟徐枋是当时非常有气节的著名文人,很少为别人作寿序。此后,先生和三个弟弟率先举杯祝贺陶太夫人的大寿,儿媳们也向陶太夫人祝寿,女儿们也向她祝寿,最后,孙辈们也在大人的教导下,向老奶奶祝寿,一家人很是愉快。

朱柏庐先生在奉养母亲时,处处为母亲着想,极尽自己的孝道,真是值得我们学习啊!

坐馆叶家

叶家是昆山有名的望族之一。据清康乾时期的常熟人王应奎说:"昆山巨族,在前明时,推戴、叶、王、顾、李五姓。"昆山叶氏的确切可考的始祖是叶苗,字秀实。从叶盛开始发祥。叶盛(1420—1474),字与中。正统十年(1445)成进士,被授兵科给事中,后官至吏部左侍郎,死后谥"文庄"。此后,昆山叶氏代有人出。叶盛之子叶晨(1448—?),字廷光。因他是大臣的儿子,按例进入国子监读书。他在成化二十一年(1485)顺天乡试考中举人,后来没有做官就去世了。叶恭焕,字伯寅,号括苍山人,叶盛五世孙。他是嘉靖二十五年(1546)举人,建有箓竹堂,藏书万余卷,并在住宅的东面作茧园。叶国华,字德荣。叶盛六世孙。万历四十三年(1615)举人,历官工部都水司主事,后出榷杭州关。叶重华(1587—1654),字德元,号香城,叶盛六世孙。他在明崇祯元年(1628)考中进士,官至广西按察使、太常寺少卿。叶重华生有五子,分别是方升、方恒、方至、方霭、方蔚。次子叶方恒(1615—1682),字嵋初,初号学亭。他在崇祯十五年(1642)中举人,顺治十五年(1658)中进士,会试第十七名,殿试赐二甲出身。后来他被授官贵阳府推官,因裁缺改为莱芜县知县,在康熙八年(1669)起到任,清供具、驿站窝逃之弊,升迁为运河同知,擢按察司佥事,分守济南,主管山东全省河道,卒于任上。三子叶方至,字崙生,顺治十四年(1657)副榜。此后不久,他离开

律己修身 垂训后世

人世。他的妻子李氏延请朱柏庐先生到其家中教授唯一的儿子叶振珽。四子叶方霭（1629—1682），字子吉，号讱庵。他十二岁补为诸生，顺治十四年（1657）成举人，后到北京参加复试，名列前茅。顺治十六年（1659），他参加殿试，被列为一甲第三名，授官翰林院编修。康熙三年（1664），他因母亲生病请求回乡为母亲养老，直到康熙十一年（1672）才补原官。此后不断升迁，历官日讲起居注官、国子监司业、翰林院侍讲、左春坊左庶子、侍讲学士、侍读学士、经筵讲官、礼部侍郎、刑部侍郎等职。他著有《读书斋偶存稿》四卷。

顺治十五年（1658）正月十五以后，朱柏庐先生来到叶家坐馆。叶氏夫妇有一子四女，对于唯一的儿子叶振珽非常疼爱。但是，自从丈夫叶方至去世以后，李氏就担当起了教育儿子的重任。为了让儿子能学有所成，她聘请了为人严厉、教学负责的朱柏庐先生前来坐馆。因为叶振珽是家中唯一的男孩，母亲管不住他，他非常顽劣。在课堂上，他的话非常多，经常在学生们安静读书的时候大声喧哗。他非常好动，想做什么就做什么，四处跑动，仿佛朱柏庐先生不存在一样。他还很调皮，有时会捉上一只虫子放进同学的书包里，把同学吓得直叫。朱柏庐先生为此伤透了脑筋。但是，先生并没有知难而退，而是知难而上。由于积累了丰富的教学经验，先生知道对于调皮顽劣的孩子要用宽容、真情去打动他。

经过先生的一番辛勤教育，又因为先生在平时教学的时候非常严厉，叶振珽逐渐有了一些进步。

时间过得很快，转眼三年过去了。虽然叶振珽的成绩提高了不少，但是他那顽劣的性格并没有多大的改变。先生感觉教这样的学生非常费力，而且，随着年龄的增长，叶振珽会时而外出结交朋友，做些无益的应酬。看到这种情况，先生感到再在叶家教书已经不太适宜，因此决定辞掉叶家的馆职。

辞掉叶家的馆职之后，先生因显若的推荐来到李家教书。此次，先生认为授徒并不是自己想做的事情，只是为了填饱肚子生存下来而已。同时,他又感到在富贵之家教学十分不容易。他说:"叶氏、李氏都是开设学馆的巨族,岂是我适宜居处的地方?"

然而,就在一年之后,叶振珽的叔叔方蔚来到先生家中,非常诚恳地聘请先生为叶振珽的老师,而且希望先生马上答应下来。不久,叶母又专门派人以重礼聘请先生,来人详细说明了叶振珽母亲希望聘请先生的意思。但是,先生在听到叶家的来意后,却感到忐忑不安,不知道该怎样处理这件事情。最后,他决定给叶振珽写封信。在信中,对叶振珽提出了三点要求作为自己坐馆叶家的条件。他和叶振珽约定的第一个条件是"不可多言妄动",后来先生列举了叶振珽在老者身旁大声说话、举止率意一事,认为这有违儒家礼仪,应该改正。他和叶振珽约定的第二个条件是"不可撄心繁琐及无益应酬",先生以范仲淹"毁誉、欢戚、富贵、贫贱"不动于心为例,说明一个人只要胸怀远大目标,就不会将目光停留在琐事上,只有这样才能有大出息、大作为。无益的应酬白白浪费时间、消耗生命,应当戒除。与叶振珽约定的第三个条件是"期限日课务须及格",先生认为,每天的功课都必须按时完成而不留遗憾。否则,作为学生,则虚度了一刻一日的光阴;作为老师,则旷废了一刻一日的职分。

叶振珽在收到先生的书信后,感觉先生并非不给情面,而是表明他对自己高度负责。回想往年先生对自己的教育,他感到自己能学有所成,都是因为先生这种诚实做事的态度。本来,叶家和先生是同乡同里的乡亲,对于他耿直的个性、坦诚的为人很是了解。因此,叶振珽答应了先生的"约法三章"。

康熙元年(1662),朱柏庐先生又来到叶振珽家坐馆,由于先生和叶振珽有"约法三章",又因为此年叶振珽要参加生员考试,他确实改变了不少。经过一段时间的努力学习,他的文章写得越来越好,才学日高。二月的县试,四月的府试,叶振珽都顺利通过。只有学政主持的院试还未考。由于县试、府试顺利通过,叶振珽的学习劲头越来越大。

时间到了冬季的一天,朱柏庐先生正在叶振珽家坐馆。中午,洁白的雪花漫天飞舞,天空一片灰蒙蒙的,真是一场大雪啊!夜晚,雪还是下个不停,主人叶振珽于是准备酒菜请先生饮酒,酒宴进行到一半,先生慨然兴叹,振珽问道:"先生为什么叹息呢?"

先生说:"刚才回忆到老朋友非常贫穷,在如此寒冷的天气却缺衣少食。"

振珽说:"这件事情不足为忧,暂且畅饮一番。"第二天,叶振珽问明先生的老朋友居住的地方,赠送了他十斛米。先生在饮酒的时候,仍然不忘自己的老朋友;而叶振珽因为先生而赠送大米给素不相识之人,真是两位贤人啊!

此年,在先生的精心辅导下,叶振珽考中秀才。

理学辩论

在康熙四年（1665）的时候，朱柏庐先生开始留心性命之学，很想和徐昭法在一起互相勉励。徐昭法（1622—1694），名徐枋，号俟斋。他是明末清初人，比朱柏庐先生大五岁。两家是亲戚关系，先生的父亲朱集璜与徐昭法的父亲徐汧是表兄弟，朱集璜的姑姑是徐汧的母亲。徐汧，字九一，在自己未出生的时候，父亲就去世了。崇祯元年（1628），徐汧成为进士，后来他被授官翰林院检讨，历官右庶子、少詹事。从此，他大多数时间都在北京做官。在崇祯十年（1637）的时候，留在苏州的徐昭法受父亲徐汧之命跟随朱集璜学习。此时，徐昭法年仅十六岁，他每日和朱集璜朝夕相处，感情很深。朱柏庐先生在十一岁时就跟随父亲在徐昭法的家塾学习，两人同学多年，交情深厚。在跟随朱集璜学习五年之后，时年二十一岁的徐昭法成为举人。崇祯十四年（1641），他奉命出使益王府，顺便返还苏州家中。在南明弘光政权建立后，福王召请徐汧前往南京，任命为少詹事。徐汧认为在崇祯皇帝遇难国家灭亡的时候，作为朝廷大臣不应该只想着官位。他痛恨国家的灭亡是由朋党互相倾轧，因此上书掌权的人，劝告他们统一思想。就职之后，他陈述时政七事，受到安远侯柳祚昌的攻击，遂请假回家。顺治二年（1645），清军下剃发令，徐汧为保护头发投虎丘新塘桥下水中自尽殉节，死后被私谥"文靖"。父亲死后，徐昭法听从了他的教导，从此隐居在灵岩山中。

徐昭法以书画诗赋闻名吴下,主要著作有《二十一史文汇》《通鉴记事汇聚》《居易堂集》《国朝画征录》《桐阴论画》等。朱柏庐与徐昭法从小就是同学,两人父亲都是明朝的遗民且为国而死,因此两人之间的交往很多,结下了深厚的友谊。

此年,先生非常思念徐昭法,于是就前往徐昭法隐居的地方去寻找他。两人见面之后彼此非常高兴。在相处的几天中,两人一起讨论如何修养身心、如何读书等问题。

徐昭法在读书和处理事情的时候也潜心思考有关问题,两人在一起互相质疑、互相讨论。真是志同道合啊!对于先生来说这很幸运,因为他在做学问的时候并不是孤单一人,而是可以和别人共同切磋。孔子曰:"三人行,必有我师焉,择其善者而从之,择其不善者而改之。"更何况是难觅的挚友呢?在两人相逢之后,还不期而遇两人共同的好友葛瑞五。

葛瑞五(1618—?)名芝,原名云芝,字龙仙,号卧龙山人,昆山人。他是太常葛锡璠之孙,葛萧之子。崇祯五年(1632),他成为诸生,入清后隐居在光福镇邓尉山中,独居一室,摒弃家累,专心求道。他著有《卧龙山人集》十四卷,此书在清代被列为四库禁毁书。他平生好理学家言,尤好王阳明。明朝灭亡后,他潜心求道,专心以姚江为宗,探求王阳明"致良知"。当时,姚江史子虚、沈求如两先生是"致良知"的正传。葛芝曾渡江前往拜史子虚为师,向他学习"心学"的真传。

在谈论中,徐昭法谈论的大多数问题是把省身克己作为出发点,深深认为频复频悔是自己的毛病。

先生说:"这是因为你存心不缜密。"

瑞五说:"如果从根本上明白,自然也就没有这个毛病了。"

先生说:"怎么能从根本上明白?暂且存养此心,渐渐理会。"

瑞五说:"不知道性怎么能坚持仁,不知道性怎么能尽心,因此学者把见性看得很重要。"

先生说:"例如曾子只看重一贯,这就是见性。"

徐昭法说:"对,然而曾子在一贯产生以前要积累很久的原因就是一直在黑暗中探索。"

瑞五说:"那时,曾子虽然没有听说一贯,却没有一天不期望听到一贯。"

先生说:"怎么不是这样呢?我所说的存心也就是只存见性的心而逐处理会,但是必定以见性作为紧急的事情。那么孔子为什么不让曾子早早听到一贯而必须等待真积力久之后呢?又为什么不让诸弟子全部听到一贯,然后让他们力行,而是一定要像曾子那样慥慥笃实呢?而且见性之后是将心可不存而自己保存,还是一定等待将心保存之后再保存呢?"

瑞五说:"是等待将心保存之后再保存。"

先生又问道:"将心存而心可以看见,还是心虽存而最终和性无关呢?"

瑞五说:"既然心、性并不分为二体,存心为什么不可以见性呢?"

先生说:"见性既不可以不存心,存心又自然可以见性,那么学者为什么广泛搜索追求见性呢?"

瑞五说:"用心来见性就会有神奇的变化,我就可以使用忠孝而不能被忠孝所使用。用成性存心就会固陋偏颇,我就会被忠孝使用而未必能用忠孝,所有的事情都是这样。"

先生说:"人能存心,那就是孟子所说的善人、守信的人了。独无大化圣神之境也,苟至是,宁不纯全,但是恐怕不能达到,而且极其困难了。"

先生说:"自然不是仅凭个人的能力就可以达到的,关键在于一个人是否做而已。"

昭法认为禅宗与圣学虽然门庭路径不同,然而它们的源头、领悟则是一样的,遂问瑞五道:"朱致一所说的禅宗和圣贤之学截然不同,你是怎样认为的呢?"

瑞五说:"禅宗的顿悟非常奇妙,实际上与圣贤之学的来源却不相同,我怎么能说欺骗的话呢?因此从见性方面讨论,虽然细微之处不容易发现,而它的过程容易看见。若是存心的学者,因为心中有牵缠和束缚,善于掩饰自己的过失,他们的过失别人就难以知道。"

先生说:"掩饰自己的过错,这就是《大学》里说的掩盖自己的坏处、显示自己的好处的小人呀,存心的人都是这种人吗?"

瑞五说:"这样说也有问题,既然见性而且又理欲显而易见,没有见性而只存其心则作为理,怎么就知道他不是把人心作为私欲,怎么就知道它不是道心?"

先生说:"平时日常生活中有分析道理的学问,当时有审查反省自己的工夫,怎么担心这种情况呢?"

瑞五说:"那么你说说什么是心,什么是性?"

先生曰:"我虽然不知道什么是心,什么是性,我的灵决主宰运用处是心。其主宰运用自然不变的理是性。"

瑞五说:"如果这样的话,性就在心后了。"

昭法也说:"你所说的性将距离情很远了。"

先生说:"理被心操纵才能主宰,由理运用;理不被心操纵将怎样主宰,将怎样运用。性在心的后面了。况且性和情的分别中庸已经阐发,即使没有阐发也可以分析明白,情是由事物的变化而变化,只有情改变物,然而变动由性发出,所以从情可以知性。如果心之主宰,为性之静运用,为心之动,因此存心可以见性。"

瑞五说:"你想依靠存心来见性,把这作为学问是可以的,但是你的心应该明辨它。"

先生说:"明辨就可以成为圣贤,不明辨就会成为禽兽,怎么敢不接受你的说法呢?"

通过这次对于理学的辩论,先生增加了研究程朱理学的兴趣,也对葛瑞五坚持的"心学"观点有了更多的了解,为后来先生进一步研究理学打下了基础。

复《五老图》

《五老图》是《睢阳五老图》的简称,"睢阳五老"之一的北宋兵部郎中朱贯是朱德润的九世祖,也就是迁居昆山朱氏的祖先。此图是昆山朱氏的重要宝物,是先生的高祖父让有名的画家临摹原本而成。后来,父亲朱集璜把家中的这个摹本装饰一新。然而,原本却被族兄汝任家收藏。朱家的这个原本由于曾被很多人欣赏,上面有很多的题赞。

顺治二年(1645)五月,因兵荒马乱,父亲朱集璜把全家搬迁到了族兄汝任处租赁房屋居住。汝任请求先生的父亲朱集璜为《五老图》题词,因此朱柏庐先生得到了一次拜观的机会。朱集璜在上面写了勉励子孙世代保留这幅宝图的题词。两家在患难时刻互相帮助,相处十分融洽,结下了深厚的友谊。后来两家分离,先生一家在战乱之后迁回了昆山县城的住处。从此之后,两人再也没有重逢。在顺治十五年(1658)的时候,先生得知族兄汝任死去的噩耗,心中十分悲痛,不停地流下眼泪。先生立刻前往吊丧。在吊丧的时候,先生也没有时间去过问一下《五老图》。后来听说,族兄汝任死后,他的儿子朱履新十分贫穷,没有钱财埋葬父亲,于是就把《五老图》质押给了苏州城中的朱氏来换取埋葬父亲的钱财。

从前,这幅图曾经被"太平宰相"申时行收藏。申时行(1535—1614),字汝默,号瑶泉,晚号"休休居士",苏州府吴县人,一说长洲人。申时行祖父从小过继于徐姓舅家,所以申时行幼时姓徐,中状元后恢复姓申。他是嘉靖四十一年(1562)进士第一,被授修撰,历任左庶子、礼部右侍郎、吏部左侍郎、吏部尚书等官职,最后成为内阁首辅。著作有《书经讲义会编》《大明世宗肃皇帝实录》《大明会典》《召对录》《纶扉奏草》《申定公赐闲堂遗墨》《申文定公集》等。

后来,这幅画又从申家流出,回归到朱履新的高祖具川公的手中。具川公说了一段意味深长的话语:"为什么让祖宗的宝画四处流浪归他人所有呢?"先生回忆起具川公的话,很想问一下朱履新:"难道履新忘记高祖具川公的这句话了吗?"先生决定,一定要让《五老图》回到朱家的手中。

康熙七年(1668)元旦,族孙朱诒烈前来朱柏庐先生家拜见祖先的画像。在拜见祖先的画像之后,先生与他在一起聊天。族孙朱诒烈告诉了先生一个非常重要的消息,他说:"《五老图》目前还在朱氏手中,但又要被质押出去了。"听到这个令人震惊的消息,先生和弟弟顿时非常惊愕。先生的眼睛睁得很大,过了很久,先生对弟弟和族孙朱诒烈说:"我们一定争取把《五老图》买回来,重新拥有它。"然而,不幸的事情发生了,从春天直到秋天,先生家中不断有人生病。先生因为要替家人治病而无法去购买《五老图》。后来在秋天快要结束的时候,先生听说这幅图被陆桥一位姓顾的人购得了,那儿是族兄汝任的母亲和履新的母亲出生的地方。起初的时候,购买人的名字被保密起来,先生打听不到是谁购买了这幅《五老图》。

转眼间,两年过去了。在康熙九年(1670)三月的时候,归庄从外面回到了昆山。归庄(1613—1673),字尔礼,又字玄恭,号恒轩,明朝灭亡后改名祚明。归庄是明代散文家归有光的曾孙,归昌世之子,曾居住在玉山镇的金潼港祖墓旁,房屋名万家基。他生于明万历四十一年(1613),十七岁时与顾炎武一同参加复社。清兵南下,参加昆山的抗清斗争,失败后,一度亡命为僧。顺治九年(1652),应万年少之聘,到淮阴任教。万年少死后,回昆山隐居。曾拜太仓张西铭、常熟钱谦益为师,与顾炎武最为友善,因而有"归奇顾怪"之称。

在归庄回来之后的一天晚上,他和先生一起宴饮。吃饭的时候,他告诉先生说:"我这儿有你们家重要的宝物,你要看看吗?"

先生急忙问他道:"是我们家的什么宝物?是那幅《五老图》?"

归庄说:"正是那幅《五老图》。"

从归庄的话中,先生得知那幅图被同县顾天忱购得,他想请归庄为《五老图》题诗,所以就把这幅图放在了归庄家中。第二天早晨,先生同二弟用白一起来到归庄的住处,才得到瞻仰拜谒《五老图》的机会。明明是先生家族世代珍藏的宝物,现在却由别人所拥有。展开画卷,只见那幅画已经支离破碎,不再是当年所看到的样子。先生非常悲痛,低下头来连连感叹。

回到家中之后,先生为了筹集买那幅《五老图》的钱,把家中做塾师而得到的馆谷卖掉,最终获得了十两银子。四月,先生拿着这十两银子请求顾天忱把那幅《五老图》卖给他。恰在此时,出现了天灾,天降暴雨,地上刮起大风,田中的庄稼被大水扫荡一空。即使是在这种情况下,先生仍然矢志不改,再三嘱托顾天忱要把那幅图卖给自己。"精诚所至,金石为开",在先生一片诚心感动下,顾天忱非常乐意让先生能够实现购买那幅图的心愿。即使在那幅图的价钱又涨了十分之二三的情况下,先生仍然积极筹措银子。十月,在先生历经千辛万苦之后,这幅图终于回到了朱氏的手中。这幅图回到先生的手中确实是很不容易!从先生发誓要将此图复归朱氏到现在实现这一誓言,已经历时三年,而此图在昆山也有两年的时间了。虽然回到手中有点迟,但是先生还是很感慨。上次《五老图》从申时行家中流出后再回到朱家是在万历庚戌(1610),这次从顾天忱手中回归到朱氏手中是在康熙庚戌(1670),中间相隔有六十年。先生对于《五老图》归来的年份都是庚戌年感到十分惊奇。先生拿着《五老图》回到自己的家中后,准备以庄严的礼仪向祖宗致敬。他先行斋戒之礼,之

第三章 坚贞不屈的中年

律己修身 垂训后世

后来到祖先的祠堂，在祠堂中，他郑重地向祖先的画像三次行礼，然后跪在地上告诉祖宗，《五老图》又重新回到朱氏手中了。

先生怀着十分敬慕的心情，回忆起初次和父亲一起拜谒这幅图的情景。然而，三个月后，父亲就为国而死了。如今，父亲是再也不能看到先生竭尽全力恢复的《五老图》了。如果，父亲还在的话，怎能不感慨和仰慕呢？现在先生不仅藏有摹本，还藏有原本，先生想，高祖和父亲的在天之灵应是多么喜悦啊！在这六十年中，这幅图反复失而复得，保留它真是不容易啊！可惜自己只有嗣子，以后拥有这幅图的人能够恪守祖先的道德，不让它到处流浪吗？作为后代子孙一定要保护好这幅图啊！

康熙九年（1670）十一月初一，先生把复又拥有《五老图》的过程记下来，作文《重复五老图记》。从这次复得《五老图》的事情中，可以看出先生对于祖先是多么尊重啊！

拒绝科举

朱柏庐先生的名声越来越大,却就在享誉乡邦的时候,遇到了意想不到的痛苦和麻烦。

在三藩之乱爆发后不久,为了稳固清朝的统治,尤其是稳固对作为清朝赋税的重要来源地江南的统治,清朝在康熙十七年(1678)特别开设了博学鸿词科,即博学鸿儒科。此科的开设和昆山的徐乾学有极大的关系。徐乾学(1631—1694),字原一,号健庵,又号东海,徐开法长子。顺治十一年(1654)由府学生员拔为贡生,后在康熙九年(1670)会试中获取了"探花"的功名,先后历任编修、左赞善、侍讲学士、内阁学士、礼部侍郎、左都御使、刑部尚书等职。

康熙十七年,清廷诏令内外官员荐举各地参加博学鸿词科的人选,远在山东为官的乡人叶方恒自作主张,推荐朱用纯参加博学鸿词科考试。

叶方恒(1615—1682),字嵋初,初号学亭。太常少卿香城公叶重华的第二个儿子,还是被称为"探花不值一文钱"的叶方蔼的长兄。他在崇祯十五年(1642)中举人,入清之后,在顺治十五年(1658)中进士,会试时位居第十七名,在殿试时被赐二甲出身。朝考后被授官贵阳府推官,后因裁减官员改任为山东省莱芜县知县。从康熙八年(1669)到任后,为官一直勤于政事,清供具、驿站窝逃之弊,升迁为运河同知,被擢为按察司佥事,分守济南，主管山东全省河道，后死于任上。在任职莱芜县知县时，主持编纂康熙《莱芜县志》十卷。该志上承明嘉靖、万历莱芜县志，补录了清前期的一些珍贵史料。另外还著有《山东全河备考》四卷（见四库全书存目丛书）、《河防要略》《东游杂草》。无论是在家乡时，还是在山东做官时，都受到好评。在顺治八年（1651）家乡昆山发大水的时候，曾与徐开远一起襄办赈饥事务。明崇祯十四年（1641）昆山大旱，叶奕荃、叶方恒兄弟卖所乘马匹筹资凿井方便百姓；在任莱芜县令时，被称赞为"政简刑清，废坠皆复，士人以其同范丹、韩韶相并提"。

听到叶方恒推荐自己的消息后，朱柏庐先生特地给他写了一封信，在这封信中，他委婉地拒绝了叶方恒的推荐。在这封信中，先生表明了自己的态度：对于科举考试，自己和它就像处于两个世界一样。最近几年来，自己只是想在城里教授学生，借先圣遗书和亲戚朋友的子弟在一起讨论孝悌忠信的道理，如果只以言教不以身教，这是很惭愧的事情。

能够参加博学鸿词科对于企求闻达者是天大的喜事和荣幸，而对于矢志不事新朝的遗民来说，则无异于逼其自毁节操。在另一封给表兄和妻兄陶康令的信中，先生则鲜明地表明了自己的态度。

在这封信中，先生说："你的来信我看了两遍，得知学亭先生过分爱重关注我，把我荐举到掌握大权的官员那儿，已经在启事中列名来回应朝廷要求各地荐举人才的诏令。这句话，我不敢相信，又不敢去怀疑。不知道学亭先生是爱我也，还是侮辱我？还是使我成为邪恶之人？

"如果是使我成为邪恶之人，那就是侮辱我。以我疏懒的性格、安分守己的心态，很快疏阔不周、失礼于长者的情况就会出现。因为狂妄获罪，我平生还没有过这种事情。而且国家举办博学鸿词科这样的盛典，是一件美好的事情，怎么可以拿来去侮辱别人，使人成为邪恶之人呢？虽然我是极其愚蠢的人，但学亭先生也万万不该侮辱我，使我成为邪恶之人。如果学亭先生认为名列博学鸿词科是爱护我,使我荣耀,那么像我这样愚昧、困厄的人应选,则是居非其位、才不称职,这样会惹来祸端,还会因为失职而招致毁谤。以不同寻常的事情宠爱一个人,不可以称得上是荣耀;强行让一个人做他不能胜任的事情,不能称得上是真正的爱护。

"况且学亭先生爱我、荣我的原因本来就有了:教我固守人生的困苦,教我仰承先人的遗志,教我知道还有很多不足之处而专心学习、好好修炼。这才是真正地爱护我,给我荣誉。如果一定认为荐举我参加科举考试是爱护我、给我荣誉,这就不是以长者的姿态对待朱用纯,也失去了学亭先生自己为人的原则。

"我一向患有咯血的疾病,不时会发作。我们离别后,我因父亲坟墓的事情,始终处于郁闷之中,又因为这个病症没有完全愈合而痛苦不堪,自从听到你举荐我参加博学鸿词科的消息,我处于昼夜彷徨之中,连续几天坐卧不安,疾病将来必然更加严重。我的生命都无法保障,又怎么能以病残的身躯勉强应付国家的科考大典?情知自此以后,地方长官的强迫督促、官府中小吏的需索会加重我的疾病,然而事情已经这样了。对于名声超过实际的情况,君子以此为耻辱;人各有志,不可强勉:最终是为不辜负学亭先生对于老朋友的子弟的爱护罢了。"

在这封信中,朱柏庐先生表明了自己坚定的态度,表现了明朝遗民对志节操守的珍视和对人生信仰的执着,真是令人感动啊!

然而,在此年先生的表兄邱近夫前往应试博学鸿词科时,先生却特地为他作诗送行。其中一首诗写道:"老谢儒冠服草莱,残经重抱到燕台。只愁错认文园病,特觊金茎赐露来。"在此诗中,先生对表兄前往赴考颇有微词。前两句字面意思是,很久以前不想做官并且已经成为平民百姓的人,如今又收拾起残缺不全的经典准备到京城去应考了。但是,这两句诗句中隐含了先生的责备:既然已经遁迹江湖,现在就不该再赴朝参加考试。后两句的表面意思是,我担心自己误解了表兄,说你此行专为谋求一官半职,就像司马相如有消渴疾病那样充满渴望。实际上这是先生对表兄委婉的批评:你可能别有打算,并不像我怀疑的那样。整首诗运用了委婉、隐喻的手法,比直接的指责、鞭挞更有力量。越是蔑视、冷静的态度,越是表达了朱柏庐先生深深的失望之情。

　　此后,地方上有人请先生做乡饮大宾,先生坚决谢绝不应。可见,先生的志向和节操是多么高洁啊!

半茧听松

朱柏庐先生等人听松是在康熙十八年（1679）的夏天，此时半茧园的主人是叶奕苞。康熙十七年（1678）春夏之时，叶奕苞以太学生的功名被荐举参加博学鸿词科考试。康熙十八年三月，他参加考试，却落选南归。此年夏季，他和来自全国各地的朋友欢聚半茧园。此年，朱柏庐先生在叶奕苞家坐馆，叶奕苞的儿子汝济跟随先生学习。因此，先生也参与了这次聚会。

叶奕苞（1629—1686），又名奕包，字九来，号凤雏，又号半园、笨庵、二泉居士、群玉山樵。他是明工部主事叶国华次子，叶方蔼的堂弟。他在年少时拜同县葛芝、叶宏儒为师，为人磊砢善使气，目光若闪电，酒间谈说，声如洪钟，颇有狂名。他与人相交，毫不吝啬，曾欲赠予其贫穷的朋友张恕50亩良田。他还热心地方公益事业，在康熙十二年（1673）独自出资修建了通济桥。叶奕苞酷爱园林。清朝初年，他的父亲在晚年时析茧园为三，分给奕苞兄弟三个。奕苞把分得的茧园，重新修整，增加春及轩，取名半茧园。

叶奕苞所居下学斋，藏书非常丰富。他陈潜好学，钻研学问不遗余力。他学识渊博，搜集秦汉以来的金石碑刻，作精审之考辨，去伪存真，著《金石录补》二十二卷、《金石录补》二十七卷、《续跋》七卷、《经锄堂金石小笺》二卷、《金石录补》二卷、《金石录补》三卷、《金石录补》四卷、《金石录补不分卷》、《金石录赓跋无卷数》、《金石录赓跋》六卷、《金石小笺》等。因此《续修四库全书提要》中说，钱曾认为奕苞的学识远在赵明诚之上，事实确是如此。他的著述甚是丰富，除了以上所述的金石著作外，还有《人心录》《经锄堂文稿》六卷、《经锄堂诗集》十卷、《经锄堂集》、《续花间集》（戏曲类）、《金石小笺》、《醉乡约法》一卷、《宾告》一卷等。还曾参与纂修了《康熙昆山县志稿》，该志共二十二卷，叙事翔实，条分缕析，为他志所不及。

叶奕苞还是清初较为重要的戏曲作家。清顺治四年（1647），叶奕苞还与李玉、顾樵等戏曲家为沈自晋所纂《南词新谱》参阅校订，可知其于声律亦有研究。叶氏著有杂剧四种：《老客归》（一作《老客妇》）、《长门赋》（一作《长门宫》）、《卢从吏》（一名《奇男子》）、《燕子楼》，总称《经锄堂乐府》（又称《叶九来乐府》）。叶氏剧作主要创作于顺治末至康熙十年（1671）之前，依次为《奇男子》《老客妇》《长门宫》《燕子楼》，分别以唐代奇士王适、元末文人杨维祯、汉代皇后陈阿娇、唐代妓女关盼盼为主角，现存最早版本为康熙刻本，清代文学家尤侗曾为之作序，颇多赞扬。

几年前，叶奕苞在自己园内的土山上种植了很多松树，经常邀请淡泊坦荡的几位朋友来听松涛。大家时常是一边喝酒，一边作诗。在康熙十八年（1679）夏季的一天，他迎来了远道而来的朋友。

叶奕苞害怕这次雅集不会流传下去，因此让擅长画画的昆山人冯翊作《听松图》，又让南昌彭士望专门为此次雅集作《听松图记》。

时间临近中午，前来听松的朋友一共有十人。这些参加集会的朋友不戴帽子，头顶裸露，不穿长衫，情态各异。朱柏庐先生头顶裸露，身着长衫，手里拿着如意，上身端坐，正在给汝济讲授经史，而汝济也手拿书本向先生提问。汝济是叶奕苞唯一的儿子，他跟随朱柏庐先生学习儒家经典。先生时而凝思，时而讲授，始终非常严肃端正。叶奕苞用手示意儿子汝济遇到不懂的地方就向先生提问。在先生的左边是张雯和茅薵。张雯，字汉章，昆山人。茅薵，字康友,青浦人。两人并排而坐,在谈论佛学教义。在他俩的左前方行走的人是万斯同和徐开任。万斯同,字季野,浙江鄞县人,万言叔父。南明时,他官至户部主事,后隐居治史,著《明史稿》五百卷。徐开任,字季重,昆山人。他是明末诸生,入清后隐居,著有《明名臣言行录》九十五卷、《六经通论》八十卷、《愚谷诗文集》八卷、《逸民传》六卷、《愚谷诗稿》等。画面中心相对坐着的两人,一人是万言,另一人是钱澄之。万言,字贞一,浙江鄞县人。他出身史学世家,参与修纂《明史》。钱澄之,原名秉镫,字饮光,安徽桐城人。他是明末诸生,曾参加南明抗清,后为明遗民。他著有《田间集》《田间诗集》《田间文集》《藏山阁集》等。万言坐在地上,两手按着膝盖,若有所思。钱澄之的面前放着笔墨和纸张,就像马上要吟出一首诗,挥毫书写下来。在他的《田间诗集》中存有此次集会时写下的一首诗——《同吴园次诸子集叶九来半茧园分韵》,诗句很优美,诗中写道:"吟坛几见发萧萧,且喜论心未寂寥。荷叶出篱初过涧,树根支石藉安桥。浮名兴到山窗尽,旅客愁逢酒伴消。争似庭前双白鹤,自来自去不须招。"这首诗表达了作者寄情山水,不重浮名,追求自由生活的情怀。

  由于此次前来参与听松的多为清初隐逸狷介的士人,朱柏庐先生与他们有着相似的遭遇,因此,对于先生来说,在半茧园内听松有着独特的乐趣和非同寻常的情怀。松树在中国文化中象征着坚强不屈的精神和高尚的品格。朱柏庐先生等人仰慕松树的精神和品格,于是就以听松来表达自己的精神追求。更为重要的是,此处的松树没有被封为五大夫,参与集会的人也不是"山中宰相",大家修身养性,不慕名利,厌闻功名仕宦的事情,这就是最快乐的事情啊!先生以隐居教授为乐,是多么的宁静淡泊啊!先生这种宁静淡泊的精神正是值得我们学习的。

  半茧听松这件事虽然过去了近八年,可是朱柏庐先生还是忘不了那一晚的风清月白,那依然如故的谡谡长松。正好自己的学生汝济再次请求他为画作题,于是在康熙二十六年(1687)四月,先生作《听松图后记》。

自传明志

律己修身 垂训后世

自从父亲朱集璜壮烈殉国后,朱柏庐先生因不能仿效王裒庐墓攀柏而时时洒下眼泪,故自号"柏庐"。从此,他作为抗清死难志士的后代,树立起不事新朝的志向。这一志向随着时间的推移,变得越来越坚定。

顺治十六年(1659),朱柏庐先生写道:"十五年来,我心怀仇恨,忍气吞声,幸运的是能够获得保全,身体无恙。"是啊,先生一刻都没有忘记对清军的仇恨,自己只是屈辱地生活着!此年先生再次公然向世人表白与新朝廷的决绝态度,在《粘壁告亲友诗》中说:"户庭日夜转风烟,悔杀尘踪十五年。只为饥驱犹教授,误人多费蓼莪篇。入俗深知与俗违,闲云野水是吾师。亲朋莫漫相惊讶,只是吾人已死时。"这首诗的意思是,故国灭亡以来,仁人志士前仆后继英勇赴难,风烟日转,我却因为要养家糊口而坐馆执教,每诵《诗经·小雅·蓼莪》,我总不免悔恨交加。唉,为了母亲和幼弟,我只能屈忠臣大节去尽孝悌之道,忍辱偷生。这种矛盾的日子越过越伤心,什么时候才能像高人隐士一样,在闲云下、野水滨参悟,获得彻底的解脱?我的亲戚朋友呀,你们不必对我的言行动辄表示惊讶、不解,我已经是心如槁木,万念俱灰。在这里,朱柏庐先生表明自己对于现实不抱任何希望。

朱柏庐先生后来实现了自己的诺言。过了三十一岁后,随着先生的声望日隆,他遇到了从未料想到的麻烦。康熙十七年(1678),清廷诏令内外官员荐举各地参加博学鸿词科的人选,远在山东为官的乡人叶方恒自作主张,推荐朱用纯参加博学鸿词科考试。在听到叶方恒推荐自己的消息后,朱柏庐先生特地给叶方恒写了一封信,在这封信中,他委婉地拒绝了叶方恒的推荐。此后,地方上有人请先生做乡饮大宾,先生都坚决谢绝不应。

在康熙二十一年(1682)的九月,先生撰文自绝于当世。当时先生五十六岁,卧病在床。在得知朱柏庐生病在床的消息后,他的学生董观三前来探望。董观三,昆山人,自幼跟随先生学习,潜心研究理学,积极与同学切磋。

九月的一天上午,董观三走到朱柏庐先生家的庭院大门前,用手拍了拍大门说:"朱先生,我来看望您,您在家吗?"

师母陶氏开门后看到这位面孔有点熟悉的青年,于是,她就问道:"看你有点面熟,你是哪位?"

董观三惊奇地说:"啊?师母,我是董观三,你都认不出来了?"

陶氏微笑着说:"原来是董观三啊,我带你看老师去。"

陶氏带着观三来到先生的卧室,先生此时正卧病在床。先生头发凌乱,清瘦的面庞充满着疲倦,一双眼睛无力地看着屋顶。陶氏走到先生的旁边,轻声对他说:"董观三来看你了。"

先生听完陶氏的讲话,面上露出一点微笑,轻轻地说:"观三,请坐。最近还好吗?"

董观三小声说:"我还好,您要保重身体啊!"

先生一边咳嗽,一边说:"没关系,老毛病啦。你最近听到什么消息没有?"

董观三吞吞吐吐地说:"有人在议论叶方恒推荐你参加博学鸿词科考试的事情。"

先生平静地问道:"对于这件事别人怎么说?"

董观三诚实地说:"别人说你心里想去,面子上却拒绝,是在作伪。"

先生听到这句话后,只是平静地点了点头,说:"世人说什么的都会有,我只要自己的志向坚定就可以了。你手里拿的是什么东西?"

董观三说:"是我的一本书。"

"那好,你把我扶起来。"先生轻声说。董观三把先生扶起来,慢慢走到书桌旁。先生慢慢把墨磨好,又让董观三把书本拿来,在书本的后面先写下几个字:朱布衣自传。然后另起一行又写道:朱布衣名叫用纯,字致一,昆山人。在十七岁的时候,补为博士弟子员。十九岁时遭遇到父亲殉国的大故,奉先父的遗命,抛弃儒冠,所以仍旧称为布衣。因不能仿效王裒庐墓攀柏而时时洒下热泪,所以自己取号"柏庐"。因年龄较小就经历了很多磨难,所以经常逃避到诗酒文翰中,以便让自己遗忘那些痛苦的经历。不久感到自己所学的东西并不是自己想要学习的东西,距离圣贤依旧很远,于是雅志为己,想要继续学习以前的东西,然而读书不能付诸实践,求道不能得到其中深奥的道理,轸怀济世的志向而先不能自我完善,特地增加忠诚、信用,以作伪为耻,一生操行如是而已,没有什么可以流传的东西,考虑到与我交游的朋友会有溢美的言辞,因此为自己作传。

先生拖着病体,一气呵成,写下自传。董观三看着先生写完自传,眼中泪光闪烁,却没有流下来。他被先生的志气感动了,震撼了。先生的操行是如此坚贞,他这样忠诚、信用,以作伪为耻!先生一贯是这样的操行,看来传言确实不可信。

董观三激动地说:"先生,你写在我书卷后的自传真好,我可以保留吗?"

先生缓缓地说:"可以啊,希望你不要告诉世人我的志向,也不要在别人讲我不好的时候进行解释,一切都会水落石出的。"

董观三感慨地说:"好!先生,我回去了,您多保重啊!"

先生坐在书桌前,眼望董观三渐渐远去,心情轻松了许多。

第四章
勤苦守节的晚年

在洞庭东山席家教书的七年是先生人生中特别重要的一段时间,先生在幽静的东山阅读了丰富的图书,结交了很多知识渊博的朋友,写下了不少的文章和书信。在返回昆山以后,先生依然以教书为业。先生老年丧妻,孤苦伶仃。面对这样的人生逆境,先生仍然坚守自己的气节。他坚持教学直到去世前的那一年。直到临死前,他仍然叮嘱学生:"学问在性命,事业在忠孝。"

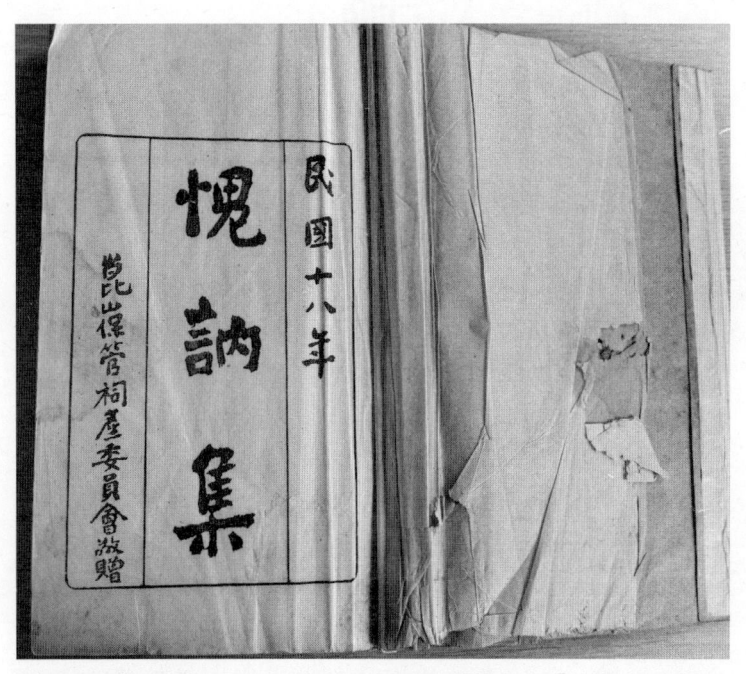

《愧讷集》书影

东山教读

康熙二十二年（1683）秋天，朱柏庐先生应吴县东山席永劼的聘请，到东山教他的幼弟永渤。东山席氏历史悠久，相传席氏在唐朝末年为了躲战乱而迁居莫厘峰的南面，从此在这里定居下来。明朝末年的时候，东山席本桢经商致富。席本桢（1601—1655），字宁侯，家中富有资财，喜爱做有德行的善事。崇祯十四年（1641），江南出现大饥荒，洞庭东山的市场和商贩同时绝迹，老百姓无法生存，席本桢捐献八千两银子，从湖北襄樊购买大米赈济饥荒，很多人因此得以活命。他又上书说愿意输纳家产佐助军需，巡抚黄希宪把此事上奏皇帝，席本桢被授予文华殿中书的官职，不久擢升太仆寺少卿，明朝廷诰赠他的祖父席洙、父亲席端攀和他一样的官职。当时中原地区战乱频繁，太湖中也有强盗焚烧劫掠，席本桢用尽全力捍御，整个东山地区都很安全。他死时年仅五十五岁。本地百姓感激他的恩德，在洞庭东山的涧桥修建了一个祠堂，为他祭列祀典。他的长子启图（1637—1680），字文舆，以例贡生受中书舍人的官职。席启图继承父亲的遗志，也经常尽力做济困救危及有益地方的事情，后又增加父亲所设置义冢的田亩，并把古今先贤的嘉言懿行汇集成《蓄德录》一书，并请朱柏庐先生为此书作序。席启图的长子永劼，字献臣，例监生，候补国子监典簿。次子永勋，字元功，岁贡生，候补内阁中书舍人。三子永渤，字朝宗，在刚满十二岁时，父亲就去世了，还没有

第四章　勤苦守节的晚年

来得及接受教育。席启图在康熙十九年（1680）去世，主持家政的老大席永劼为当时年仅十四周岁的幼弟永渤聘请来朱柏庐先生到东山授经。

听说先生将要到东山席家授经，先生的昆山友人相约提前为先生送行。大家相约到朱柏庐家中为先生送别。朱柏庐先生也早早做好了准备，妻子陶端杀鸡宰鹅，买肉备酒，还准备了蔬菜和果品。妻子陶端把中午的宴席准备得比较丰盛，她是贤惠的妻子，一贯支持先生的事业。她年近六十，身体并不好，也需要先生在家照顾她。可是为了朱柏庐先生能减轻烦琐的教学事务，她还是支持先生前往洞庭东山席家教书。

接近中午的时候，先生的朋友徐季重、呼德下、徐孚若等来到了他的家中。徐季重，名开任，在作诸生时就有文略。明朝灭亡后，闭门著书。他的著作有《明名臣言行录》九十五卷、《六经通论》八十卷、《愚谷诗文集》八卷、《逸民传》六卷、《愚谷诗稿》。呼德下，名谷，号葵园，先生父亲朱集璜的学生。小时候冒姓曹，名简。在明朝补诸生后放弃功名，恢复姓氏后曾作《呼氏世谱》，遍访同姓，互相考证。他居住在迎薰门外，作有《葵园集》一卷。徐孚若，名履忱，又字鹤心，号瓠叟。他是徐开泽长子，廪贡生，著有《耕读草堂诗钞》、《瓠叟诗钞》十五卷。因为是多年的朋友，大家见面之后非常高兴。在酒席上，大家一边吃，一边作诗。菜过五味，酒过三巡之后，大家的情绪渐渐高涨，徐孚若当场作一首诗——《送朱柏庐之洞庭》。他拿起墨迹未干的诗作，高声朗诵起来："头白真如倾盖新，送君去作授经人。山花政吐千层锦，湖舫轻移两岸春。遣兴酒杯常自把，望机鸥鹭许相亲。莫厘峰下应东望，约我秋江共采蘋。"听到这首诗后，徐季重、呼德下也纷纷作了诗。最后，先生也朗诵了自己所写的《将赴洞庭故里诸公赠别次韵奉酬》两首："少壮相依老更亲，几回屈指不多人。情知晤对原稀少，话到分携便苦辛。岁首平添花下约，更残难乞醉中身。逝将好友殷勤意，散作包山笠水春。罢罢自分一畸人，旧好寻思转怆神。雨里话深闻雁夜，风前坐久看花晨。帆蒲尚挂娄江雪,杯蚁先浮震泽春。魂梦不愁波浪阔,故山常自接音尘。"读着,读着,先生的眼睛里涌出了点点泪花。是啊,这些多年的朋友真是自己的知己啊!

第二天,东山席家派来接先生前往教书的船只停靠在昆山城外的码头,先生的亲戚、朋友以及弟子前来送行。在一片保重声中,先生乘船离开了昆山。这只船沿着娄江来到苏州,又从苏州沿着胥江前进,这是前往洞庭东山最近的水道。在胥江之上,先生远远望去,只见灵岩山一片碧绿。先生感到非常愉快,觉得自己也可以像徐枋、徐瞻明、葛芝等人那样生活了。徐枋隐居在天平山下,徐瞻明隐居在灵岩山附近的一云山,葛芝隐居在光福附近的邓尉山山中,建有卧龙山房。苏州西部的山区景色秀美,非常适合隐居,此次,前往东山席家教读,先生也可以像他们那样生活在山中了。

船走得很快,先生等人在洞庭东山的码头靠岸。这个码头在东园之中,东园为席启寓所有,他是席本桢次子。上岸之后先生沿着崎岖的山路向席氏居住的招隐园走去,招隐园在东山南麓,阁老厅西的大园村。这里曾是王鏊的别墅,是他的三子王延陵所修筑,有红睡轩、垂阳池馆、击壤草堂、苍润楼、停云峰、丽草厅等建筑。明朝末年,席本桢把园子买下,重新修建。园中的桂树、柏树很多,虬郁苍秀,相传是王鏊亲手种植。

先生并不习惯走山路,但是为了欣赏岛上的景色,先生坚持步行。走进招隐园,这里果然是一处美丽的园林。席家热情地接待了先生,在宴席之后,席永渤和金友燕向朱柏庐先生行了拜师礼,算是拜先生为师。从此之后,先生在招隐园中开始了长达七年的教书生涯。

东山岛上的招隐园十分美丽,十分安静,是一处治学的好地方。岛上居住着不少博学多才的土人,另外这里的不少和尚也富有才学。由于席氏是东山第一富户,家中富有藏书,所藏书籍近万卷。先生在园中除了专心教授席永渤和金友燕之外,就是专心读书。在这几年的教读生涯中,先生要么教授学生,要么专心读

第四章 勤苦守节的晚年

书，再不就外出游览，或者同当地富有才学的和尚和士人交游。因此，先生不仅学识大增，而且道德修养获得了更大的提高。他的学识水平主要是通过阅读席家的丰富藏书来提高，其次是通过越来越多的交友和游览。他的道德水平的提高主要是通过自省。东山教读是先生一生中非常重要的一段时间，在这段时间中，先生写下了很多优美的文章，例如《观梅小记》《游西金山小记》《游西洞庭山记》《春游记》《梅圃记》等。除此之外，他还写下了很多的寿序和书信，寿序有《席太夫人五十寿序》《金卓庵六十寿序》《寿席母延太夫人序》《徐瞻明表兄寿序》《王不庵先生六十寿序》《盛逸斋七十寿序》《徐退山七十寿序》等；书信有《与毛云翼》《与柴艺循》《致德焕》等。他在理学方面则使自己的思想更加深邃，并将自己的思考记录在《毋欺录》中。这段时间所做的记录约占全书的三分之一。

爱妻去世

康熙二十四年（1685）早春，朱柏庐先生前往洞庭东山席家教书。妻子陶端为了支持先生，独自留在了昆山县城的家中。她早年便有的疾病，因为那时先生比较贫穷，不能博求医药，以致成为迁延不愈的疾病。刚过六十岁，病情便加重了，她甚至不能下乡收取田租。此时，二弟用白、三弟用皥已经去世多年，家中只有四弟用商可以照顾陶氏。用商看到大嫂的病情越来越重，就安排朱导诚的妻子葛氏照看婆婆，自己亲自前往洞庭东山送信。

用商雇了一艘船前往东山，一路上的美景他也没有心思欣赏，只是希望船早早把自己送到东山。

船到了东山，他沿着崎岖的山路快步行走，但是，由于山路难行，他脚步渐渐慢了下来。他一边走，一边向行人打听席家居住的招隐园在什么地方。在行人的指引下，他来到了莫厘峰下的一座古镇里。远望去，那山峰高耸，山连山，一眼望不到边。近处是人烟密集的古镇，踩着蹒跚的步伐，他终于找到了招隐园。仆人通报之后，他终于见到了自己朝思暮想的大哥。用商激动地抱着先生，眼泪情不自禁涌了出来。他哭着说："大哥，大嫂病情严重，我是特地通知你回家的。"朱柏庐先生低沉地说："哦，那我去向席家请假，然后就回去。"先生快步走到席献臣的宅院中，向他说明了妻子的严重病情，要求请假回家。席献臣马上同意先生回家。先生又找到席朝宗,告诉他自己要请假一段时间,布置了功课让他自己温习。最后,先生匆匆忙忙回到自己的住处,顺手收拾几件衣服,来到门口。兄弟二人和先生的儿子导诚一起坐上来船,以最快的速度往家中赶去。

在船上,用商告诉大哥说:"大嫂因为生病不能下乡收取田租,就派遣两个仆人前往收取。当时租米已经放入船中,船主却在两个仆人不注意的时候突然把船开走了。"

先生说:"这虽然不符合理法,却不要责备那两个仆人。然而,有人遗失东西,有人得到东西,正需要通过对这件事情的勘验看看是否正确。"

一路上,先生都很沉默,他的思绪回到了从前。小时候,先生和妻子陶端青梅竹马,经常在一起玩耍。后来,因舅舅看重自己,他和陶端结成了夫妻。两人一起经历兵荒马乱,白手起家,上要奉养母亲陶孺人,下要抚育弟弟妹妹,四处流浪,经历了各种各样的艰苦。此后,母亲辛辛苦苦为儿女婚嫁,而陶氏竭尽全力帮助完成。在弟弟妹妹婚后,大家居住在同一个宅院,却能和睦相处,主要是陶氏善于与大家相处。在三弟用焊去世之后,陶氏辛勤抚育用焊的儿子导诚。当家中来客的时候,陶氏对客人的饮食、住宿安排周到,从不使先生操心。在家庭生活中,陶氏有计划地安排各种花销。陶氏即使是在六十大寿的时候,也坚决不接受祝寿。当这一幕幕图景浮现在先生的脑海时,先生的泪水止不住地流了下来。他在心里默默地说:"多么贤惠的妻子啊!"

坐在船上,先生总是感觉船走得太慢了,恨不得马上赶回到妻子的身边。他不停地催促船夫加快速度。由于船夫知道先生的妻子病情严重,对于先生迫切回家的心情十分理解。

先生感觉过了好久好久才回到昆山县城,下了船他就急匆匆地向家中走去,顾不上和熟悉的人们打招呼。终于来到自己家中,看到妻子躺在床上,先生不禁老泪纵横。朱导诚的妻子葛氏说:"阿爹,不要哭坏了身子。"此时,妻子陶氏醒了过来,她看到先生坐在自己床前,脸上露出了一丝笑容。她深情地看着先生,开口说:"不要哭了,我会好起来的。"先生停止了哭泣,深情地看着陶端。先生明白两人都是彼此的唯一,两人之间的感情彼此都难以割舍。陶端在看到先生后,精神振奋,先生看到妻子陶氏也高兴。陶氏劝告先生在自己死后不要为自己做佛事祈求阴间的幸福,这样可以节约下来一笔银子。聊着聊着,陶夫人的声音慢慢小了,一阵剧烈咳嗽之后,她走进了另一个世界。先生意识到陶氏坚持到现在就是为了能在临死时见自己一面,忍不住放声痛哭起来。四弟用商走过来劝先生节哀,在大家的劝阻下,先生才慢慢平静下来。

　　先生开始考虑埋葬妻子的事情,他打算把妻子埋在阳山祖墓里。当前主要的是为妻子举办丧礼,儿子导诚和两个孙子直典、直衡披麻戴孝,守护在陶氏的灵前。灵棚中不时传出一阵阵哭声。三天来,先生的眼泪已经流干。停棺三天后,在导诚的陪同下,先生带着妻子陶氏的棺材坐船来到阳山祖墓。他把妻子埋葬在美丽的阳山,并在陶氏墓地旁边为自己留下了一块地方,准备死后同陶氏埋葬在一起。

　　先生在整个丧礼过程中,尽量节约钱财。世俗社会认为做佛事可以祈求幸福,然而对于死去的妻子,先生不想做无益的花费,于是没做佛事,从而省下了十两银子。后来,先生把这十两银子用于购买义田。

　　妻子陶端的去世给先生带来了很多痛苦,别人都说中年丧偶是一件不幸的事情,而先生在老年的时候丧失了与自己感情深厚的贤妻,更是倍感伤心。妻子陶氏是先生的贤内助,为家庭出力很多。两人在一起长达四十多年,先生感到对不起妻子的是,自己一生穷困贫贱,从来没有使妻子减少过对家事的操心。而妻子又表现得淡然无欲,从来没对先生提出过过多的要求。两人能够生活在一起主要是因为情投意合。先生认为妻子陶端没有愧对陶琰先生的名声,没有愧对自己的父亲朱集璜,她的一生无怨无悔。为了悼念自己贤惠的妻子,先生深情地写下《先室

第四章　勤苦守节的晚年

陶氏事略》。

先生是十分珍视夫妻感情的人。在妻子去世以后，他没有再婚也没有纳妾。在当时的社会，达官贵人和富商娶三妻四妾是很正常的事情，但是先生把自己一生的感情都系在妻子陶端的身上。

妻子陶端的离去使先生的晚年生活十分痛苦。先生与陶端感情深厚，在老年丧偶之后，先生从此形单影只，倍感伤怀。这种感情上的痛苦很难消除，一直萦绕着先生剩下的日子。

置购义田

所谓义田，就是为赡养族人或贫困者而置办的田产。三十年前，先生就有了建立赡族田保护祖先坟地的想法。然而，由于居住在昆山的朱氏家族成员比较贫穷，而先生也仅仅是依靠授徒糊口，这个想法便一直没有实现。他考虑到自己的年龄在一天天增长，如不尽力而为，以后也就没有时间了。后来，经过一番艰苦的努力，在康熙二十五年（1686），朱柏庐先生终于拥有了自己的义田。

朱柏庐先生一生隐居教授，在清初时期，教师是一份非常清贫的职业，先生的收入仅能糊口而已，但是先生对于尊宗敬祖的事情却从来没有怠慢过。

当时，朱氏祖先的坟墓分别位于练塘、阳山、宝华等处。其中迁居苏州的十三世祖秘阁府君的坟墓在练塘，迁居苏州的十二世祖实录院修撰府君的坟墓在中山，迁居苏州的十一世祖秘书省检阅文字府君、十世祖长洲县儒学教谕府君、九世祖镇东儒学提举国史院编修府君、八世祖中书舍人前户科给事中翰林院侍书、七世祖尚志先生府君、六世祖赠通议大夫南京吏部右侍郎前御史府君等的坟墓在阳山。朱集璜先生的高伯祖明威将军苏州卫指挥使府君、曾伯祖詹事府录事府君、运判府君、顺天府经历府君等的坟墓在净明寺前。朱集璜先生的高祖赠顺天府大兴县县丞、山东兖州府沂州判官府君，曾祖江西南昌府宁州判官审理正府君的坟墓在北山。朱集璜先生的曾伯祖太子太保恭靖府君的坟墓在宝华赐茔。

先生的父亲朱集璜定下的祭规是,凡祭祀要把练塘、阳山、宝华等处的坟墓都祭扫一遍。祭祀时,所有的本族成员聚集在一起前往祭扫,这样一来,花费很大。明清易代之后,这样的祭规渐渐废除。朱柏庐先生首先提倡春秋两次祭扫,因减轻了族人的负担,实行了很久。

朱先生祖先的坟墓主要分布在阳山。在阳山也曾居住过朱氏宗族,由于时代久远,居住在阳山的朱氏宗族成员很多已经成为农民。起初,种植在阳山祖墓的墓木被一些贫穷的朱氏家族成员盗卖。后来在康熙二十一年(1682)四月,又有朱既受把坟地盗卖给张辅臣埋葬父母,朱柏庐先生听说后,激动地说:"祖宗身体和灵魂所在的地方,而他姓埋葬此处,逼近祖先,祖先的灵魂能不害怕吗?"于是,先生就命令同族子侄向吴县县令申诉,花费两年五个月的时间,终于把张姓盗埋的坟地收回。此后,先生带着一船白米来到阳山准备送给阳山同族。到达山中后,先生发现朱既受在先前盗埋的地方又埋葬了妻子张氏。先生非常气愤,就把那船白米又运回了昆山。因为此事,他专门给石庵侄子写信讲述这件事情。

由于阳山祖茔发生了上述几件事情,朱柏庐先生认识到只有置办赡族田,提供实惠给山中的族众,才能使阳山祖茔不受损毁。先生早有这个想法,因为苏州在当时不仅是最早拥有义庄的地区,还是拥有义庄最多的地区,其中最有名气的是范氏义庄。范氏义庄是范仲淹于北宋皇祐二年(1050)在苏州吴县捐助田地1000多亩设立的,主要依靠田租来赡养同宗族的贫穷成员,资助贫穷的族人求学、参加科举考试等。为了义庄的有效运行,范仲淹亲自给义庄制定了章程。他去世之后,他的二儿子宰相范纯仁、三儿子尚书右丞范纯礼又续增规条,有效地维持了范氏义庄。南宋时,范之柔对义庄加以整顿,又恢复了原有的规模。范氏义庄的田地时有减少,然而后世的范氏子孙也对义庄屡有捐助。

清初时，该义庄已经在苏州存在了六百多年。朱柏庐先生对于范氏义庄早有耳闻，他也有创办义庄的想法，然而先生是一介贫儒，没有经济实力。而且创办义庄是一项非常艰巨的任务，需要大量的钱财用来购买土地，族人也没有能和先生分担责任的。眼看自己的年龄越来越大，如果颓废无为势必将一事无成。如果自己不倡导开始，怎么能鼓励后进呢？于是，先生想出了种种办法，积累购买义田的资金。

先生的妻子陶氏去世后，亲属有很多人劝先生经营佛事来增加妻子在阴间的福气。可是，先生考虑到要用请和尚做佛事的钱用于赡养族人，使他们世世代代享受孺人的恩德，因此就没有请和尚做佛事，从而节约下十两银子。先生六十大寿时，他的学生叶振珽分发请柬约请同学给先生祝寿，学生送给先生一些寿金，再加上所收同宗祝寿的寿金，共约四十两银子。祝寿的宴席费用是十两，先生余下三十两银子，再加上妻子去世时积累的十两，此时先生共有四十两银子。

为了积攒购买义田的资金，先生日常生活十分简朴，整日穿着布袍，步行出门，不乘肩舆。

然而，先生依靠勤俭节约积攒下来的四十两银子，却依然少于田地的价格，买价不足，仅够典金。于是先生准备先典下数亩土地。先生说，只要不死的话，以后还可以竭尽全力，继续购买义田，如果不这样做的话，怎么能够实现自己尊宗敬祖的志向呢？

过了六个月，先生用所积累的四十两银子典买了圆明村村民孔姓十二亩地作为义田，准备以义田出产的白米为阳山族众所食用。至此，先生终于实现了自己拥有义田的愿望。他希望以自己作为族中的首倡，以后有更多的族人来继承自己的事业。作为一位隐居教书的先生，他自然不能和官员、富商相比。虽然先生仅有十二亩义田，然而先生的心意良殷，以区区之心表达尊宗敬祖的志向，在平凡的事情中表现出先生的不平凡。

莫厘登高

康熙二十二年（1683）的秋天，朱柏庐先生来到洞庭东山席家教书。虽然他隐居教书，馆职繁忙，生平很少出外游玩，但徜徉于山水佳处、纵情于泉石林壑之间仍然是心中十分向往的盛事。来到东山席家坐馆之后，先生每日忙着教席朝宗和金友燕读书学习。每天早晨，先生黎明时刻就起来，洗漱完毕后开始为上午的教学内容备课。虽然，这些内容是先生多年以前就教过的，但是他还是认真备课。先生在平时的教学过程中十分重视身教，他认为只有自己认真，学生才会认真。

九月初九是重阳节，民间有登高避邪的习俗。于是在康熙二十三年（1684）的九月初九，席家主人请先生攀登莫厘峰。莫厘峰是洞庭东山的最高峰，因隋朝莫厘将军隐居且埋葬于此处而命名。莫厘峰位于当时的吴县东山古镇北面，海拔293.6米。四周群峰环绕，山峰陡峭，非常美丽。春天，百花盛开，万紫千红，茶芽滴翠；端阳佳节时，枇杷林披翠挂黄，杨梅树枝茂茁壮；秋天，漫山遍野的橘林，远看万绿丛中点点红，近看累累硕果树弯腰。自古以来，很多的文人墨客前来攀登，明朝著名的宰相王鏊曾写下《登莫厘山记》。

吃过早饭之后，先生在招隐园中等候。先生同金甫瞻及其儿子金友燕一起乘竹兜而上。金甫瞻，字卓庵，与席永劼是多年的好朋友，永劼的弟弟永勋是金甫瞻的女婿。金甫瞻只喜欢游山玩水，不想去做官。他天生孝顺父母，不喜欢表现自己的能力，不喜欢立功。在遇到事情的时候，他往往迅速处理，注重把握时机。他平时喜欢独居在一间屋中读书，尤其喜好律诗。

从招隐园往山上望去，只见远处的山峰一片碧绿，那些山峰紧密相连，一座山峰连着一座山峰。一路上，先生与金甫瞻和金友燕三人乘着竹兜，并不感觉劳累。先生向两边望去，沿途到处是果园，果园里有橘子树、银杏树、板栗树。先生看到橘子树上挂满了沉甸甸的橘子，那些橘子已经由青变黄。走着，走着，山越来越陡峭，先生坐在竹兜上，感觉身体严重倾斜。好不容易，先生等人来到三茅峰，坐下休息。对于先生来说，攀登莫厘峰是第一次，而下面要到主峰又不能乘坐竹兜，先生此时有点犹豫。看到先生犹豫的表情，赵子伟大声说："攀登山峰而不能到达顶峰，还不如不登。"在他的激励下，先生等人开始舍弃竹兜，步行上山。山上的路有的平坦，有的陡峭，在陡峭的地方，要互相搀扶才能爬上去。最后的一段尤其艰难，在攀登的过程中，先生脱掉自己的上衣，拿在手里，气喘吁吁，但是，先生没有丝毫的退缩。他心里想："攀登到山的顶峰，当然是一件困难的事情。然而，关键是不能害怕，只要一害怕就不能到山顶了。"此年，先生已经五十八周岁，这样的年龄已经是体力减退的时候。他看到其他同行的人一个个把他超过去。但是，在这最后的一段攀登中，先生却越来越表现出自己的勇气。他自己不停地鼓励自己，坚信只要能坚持到最后一定能够爬到山顶。先生开始一步一步往山顶挪，虽然速度很慢，但毕竟是越来越靠近山顶了。看到那些习惯走山路的人已经走到山顶，先生没有一丝一毫的妒忌心，他想既然别人能做到的事情，自己也应该做到。由于坚持不懈，先生终于爬上了山顶。在山顶上有一座建于康熙九年（1670）的莫厘观音庵，先生抬头望去，只见黄墙蓝瓦，翘檐欲飞，庵借山势，平添几分威严和高峻。

先生走在莫厘峰上，看到天气晴朗，万里无云。向四周望去，一望无际的太湖上波光粼粼，七十二峰尽收眼底，远远望去，就

第四章　勤苦守节的晚年

像大大小小的船儿,这些山峰之外还有山峰。到了这个时候,先生开始感觉自己置身在天地之间,是多么的渺小!自己又怎么可以自高自大呢?

赵子伟等人也在山顶,先生正在沉思之时,仿佛听见有人在吟咏王维的诗歌《九月九日忆山东兄弟》。那人用低沉的语调朗诵道:"独在异乡为异客,每逢佳节倍思亲。遥知兄弟登高处,遍插茱萸少一人。"听到这儿,先生不禁想起了留在家中的妻子陶氏还有自己的四弟用商。是啊!在重阳节这天,自己又怎能不思念自己的妻子和兄弟呢?可是,为了谋生,自己又不得不远离他们,想到这里,先生不禁长叹了一口气。

先生等人慢慢走下莫厘峰,来到了三茅峰。这时,主人已经在林皋峰僧人住宿的地方准备好饭菜,先生与赵子伟等人已经饿了,大家边吃边聊。寺中的主持慧鉴通晓诗歌和文翰,他拿出自己收藏的古画跟先生一起欣赏把玩,先生一边品茶,一边欣赏主持慧鉴的书画。坐了一段时间之后,月亮已经从西边升起,今晚的月亮异常明亮。在明亮的月光下,先生感觉此时山上的景色更美,主要是今晚的月景使一切都朦朦胧胧,而朦胧美使先生深有感触。他坐在肩舆上,他和甫瞻不禁一起朗诵:"但将酩酊酬佳节,不用登临恨落晖。"这首诗出自唐朝杜牧的名篇《九日齐山登高》。当时杜牧在池州刺史任上,这首诗是他在重阳节登上齐山时所写。在先生和甫瞻朗诵这首诗的时候,两人的心情十分兴奋。在这次旅游的过程中,先生饱览洞庭东山的美景,心中感到十分满足。这时,朗诵的诗句在空山中反复回荡。先生高兴地转过头来对甫瞻说:"我们像晋朝的隐士陶渊明一样咏而归矣。"

"读万卷书,行万里路",先生通过此次攀登莫厘山,对此有了更深的理解。晚上,先生把此日的游览过程简要地记录在《毋欺录》中,此外,在《愧讷集》卷四也存有一篇《登莫厘山记》的文章。这也是现在我们仍然知道先生莫厘登高过程的原因。

此后不久,先生在元灿和次程两人的陪同下又登上次鄂山。次鄂山并不高,山下濒临广阔的太湖,山石迤逦,嵚崎凸陷,本地人把这称作"石浪"。元灿说："可惜因为大雨过后，石头没入水中一多半，否则，我们坐在石头上纵目远眺，看到太湖一碧万顷，真是令人心胸开阔。"次程又说："此地极浅露，然而人们在此安居乐业，整日听不到强盗来袭的警报。依靠险要的石浪，贼舟不能靠近。在山上有一座东庙，主持僧人的名字叫不染。"先生只是静静地听两人介绍，通过这两次游山，先生有了更多的收获。

第四章 勤苦守节的晚年

教育醇叔

醇叔是王喆生的字，王喆生（1648—1728），号素岩。他是明代举人王志长的孙子，父亲王孚，字甘谷，擅长写文章，但很早就去世了。醇叔在二十岁的时候补为诸生，后按例进入国子监读书。康熙十六年（1677），他考中顺天乡试解元。在康熙二十一年（1682）成为进士，后选为庶吉士，授官翰林院编修。康熙二十四年（1685），他充任会试同考官。不久，他请假回家奉养母亲。他的住宅在富春桥南，花园在西关外，是他奉养母亲的地方。

王醇叔是朱柏庐先生的得意弟子，两人之间情谊深厚。康熙十六年，王醇叔高中顺天乡试解元之后，衣锦还乡。康熙十七年（1678），王醇叔将要到北京去，他特地前往先生家中告别。在临分别的时候，他问道："先生有什么要教导我的吗？"

先生说："你很有才能，高中巍科是很容易的，我又有什么可以教导的呢？"

王醇叔诚恳地说："对于科举考试并没有过高的奢求，只是希望先生教导我。"

先生看到王醇叔那诚恳的表情，谆谆教导说："心欲其下，情欲其厚，气欲其敛，事欲其约。"在这几句话中，先生希望他心中欲望要少，重视增加与人之间的情谊，收敛元气，少做事情。

在朝廷仅仅三年，王醇叔就厌倦了做官。托词奉养母亲，王醇叔在康熙二十四年的十二月请假回到了昆山。在春节过后，在先生即将到洞庭东山教读的时候,王醇叔特地来送行。他携带着自己两年来书写的日记请先生阅读和指正。先生在阅读王醇叔的日记之后,非常感叹:"处极喧嚣之地,极得意之遇,极尘杂之务而能步步收摄,刻刻检点;即其所记,详密端严,不间一日,不草一字。"以前先生时常称赞王醇叔是个有作为的人,现在已经可以验证。

看到王醇叔的日记后,先生还为他题写了两篇文章。在第一篇文章中,先生写道:"醇叔的学问与日俱进。这册日记记载的时间是两年,中间并不浅薄,得力之处在于专注将来,都是亲身体验,努力实行的话语。然而感觉后来转为切合实际、精密,这是由于不断下功夫,所以渐渐取得进步,阅览日记的人自然能看出。日记中的一段话说,'办得实心,无不可为之事,为名为利、自是自便、慢忽畏难,皆心不实'。这句话表明做学问和做官是同样的道理。又有一段说,'成天下之事功者在于善用其人'。这句话表明在朝为官和下野为民都要采取中庸之道,在天地之间最重要的是真诚。真诚作用于万事万物而无所不在,所以人能做到真诚,在做事时而无往不胜,主要原因是充满实在的道理和用心真诚,即使有缺陷,也不至于整体不行。郭林宗喜欢奖励士人,不管是兽医的儿子或农民的儿子都称赞劝勉,这成就了东汉的一代士风。杨文贞喜欢提拔人才,不管是黑窑的工匠还是教书先生都积极援引到官府,这成就了他的一代相业。这也是勤勤恳恳、真心做事的原因,都是在为当时建功立业,然而这两句话的实质是一样的。这些都是人道、纲纪、学术的要领,足以看见醇叔已经掌握。从以前清丈土地的事情尤其可以见到他拯救时弊的恳切,勇于任事、处理事情的精密和审慎,心地的谦虚和公正。对于这些盘根错节的复杂事情能够运用所学去处理,即使事情没有办成,然而醇叔所得的经验已经很多了,这是将来担当重任的基础。圣贤以天下为一家,家乡的事情是天下的事情;天下的事情也是家乡的事情。醇叔具有这种体用为一的原则而担当经邦济世的重任,以颜子的学问为根本而又坚持伊尹的远大

第四章 勤苦守节的晚年

志向是不难看出了。"先生在这段话中赞扬醇叔掌握了人道、纲纪、学术的要领,勉励他继续坚持真心做事的良好作风,为家乡多做实事。

在第二篇文章中,先生写道:"淡然无欲才能有卓异特立的操守、奋发有为,这个道理是你非常熟悉的。但是,在我看来,对于卓异特立的操守、奋发有为,你并不难于做到,而是难于做到没有欲望。我所说的淡然无欲并不仅仅是财利声色,这些较大的欲望可以自己戒掉。凡是身体接触到的、所听所见的,虽然都是些细小的事物,也不能引起人的欲念,才是淡然。什么原因呢?虽然是些细小的事物,而一旦为之所动,也就是欲根没有断绝,也就不是清虚内心,纯洁自身,也就不能不妨碍具有成就志气、节操、功业的光明磊落。而且这些细小的事物如何来做到?没有财力是办不到的,而且这些引起人的欲念的事物和声色悦耳是一样的。做到这些细小的事物之前,又怎么能不眷恋声色财利呢?现在从日记中可以看到,虽然对于大的欲望严格思辨,而对于住房、服饰、玩好却羡慕而动色。先儒说:'人对于生活消费的物品,样样要求好的,自己的身心也就不好了。'正是身体上得到能够引起欲念的事物,不觉心中就会失去对它们的厌恶。而且诸葛亮说:'非淡泊无以明志。'把情趣爱好转移到住房、服饰、玩好上,就不可以算是淡泊。不应当做公孙布被的欺诈行为,而要像李文靖一样不修葺堂前栏杆,要像司马光的名言'衣取蔽寒、食取充腹',这样的风俗可以尊崇,它的意义值得思考。醇叔应该不会认为这些话迂阔不当,所以写下来给你。"先生在这段话中劝勉王醇叔要以历代先贤作为榜样,时时检点自己的品行操守,淡泊以明志,宁静以致远。告诫他不要因住房、服饰、玩好等方面的小节而改变了自己的志向和情趣。先生的这种异常严格的要求使人以为他的观点不近人情,事实上却表明了他的先见之明,因为欲望的发展是从小而大的。整篇文字虽然是先生写给醇叔的,而这岂不是先生自己的真实写照?实际上,先生也是用这种近乎苛刻的理念来对待自己。

在先生的这种"淡然无欲"的思想的指引下，王醇叔从此不复出仕，在家乡居住下来。他把自己的住室称为"依庐"，侍养母亲二十余年。在母亲死后，更加断绝了做官的想法。在长达四十余年的乡居中，他热心地方公益事业，做了许多好事。

当时，朱柏庐先生用理学倡导青年学生，王喆生跟从他刻苦学习，反复思考，精通"五经""四书"、《资治通鉴》，又和同学订立课程，互相砥砺，学问有很大进步，被江苏巡抚汤斌所器重。仪封张伯行称赞他撰写的《懿言日录》"精深博大"，可以和卫武公的《抑戒》媲美。所著《懿言日录》《素岩文稿》《纪年诗》保存至今。

从很多方面来说，朱柏庐先生对王醇叔的影响确实不小。这正验证了一句俗语："名师出高徒。"

第四章　勤苦守节的晚年

律己修身　垂训后世

畅游西山

洞庭西山位于太湖之中，是一座景色优美的岛屿。朱柏庐先生在洞庭东山席家做家庭教师已经有五年了，在这五年中，先生游览的地方都在洞庭东山上。对于美丽的洞庭西山，先生十分向往。

在康熙二十七年（1688）年十月四日，先生的学生席朝宗准备了船只和车轿，召集了宾客和随从，提前整理了行装。他做好这些准备工作后，就等着早晨出发到洞庭西山去。偏偏在天明的时候，风雨交作。由于天公不作美，只好改在五日的早晨出发。这次一起游览的人有赵子伟、席素民、许既受、吴楚山、席朝宗、先生以及他的嗣子朱导诚七人。

最初到达的地方是西山镇，那里街市上的店铺和民居紧密相连。从房檐的空隙、树梢的边缘，可瞥见奇峰乱石紧密聚集，都是些奇异的景观。等到达林屋洞的时候，就会看到石头上的两个名人的题词：王鏊题写的"第九洞天"、赵凡夫题写的"左神虚幽之天"。林屋洞的洞口高度超过人的头顶，走几步以后，则要俯下身子才能深入。先生因不能进入而惆怅，只好和赵子伟、席素民攀登到山顶；许既受、席朝宗、朱导诚则带领两三个人，身穿短衣、脚穿草鞋，手拿蜡烛寻求道路，最终到达了徐有贞所写的"隔凡"的石壁。先生拨开多刺的枳树和荆树，奋步前进。吴楚山从后面跟上来，与先生携手前进。那些石头形状万千，无法形容，名曰：曲岩。范成大在岩石上刻下他前来游览的时间，可以想见这是先贤喜爱的地方。

先生又从石丛中步行而下，看到书法遒劲的"伏象岩"三个字，题字的石头和大象非常相似，听说往昔有杜氏在此建筑园林，这儿应当是昔日园林的所在之处。又看到刻有"玩花台"几个大字的岩石，想来也是园中的景物。到了山下，先生看见游览林屋洞的人身上有湿泥，胸部和背部也有少许，鞋子已经玷污，有些人还因洞内氧气稀少而变得迷迷糊糊。有人为了捕捉洞中的蝙蝠，进入洞中较深。王世贞说，林屋洞不能轻易进入，青年人到达"隔凡"的也很少。先生非常相信他的说法。

先生一行沿着山脚向东行去，进入了被称为"林屋三门"的丙洞、旸谷洞、雨洞。三洞相通，丙洞十分狭窄，以致无人可以通过。它上面赤色的岩壁高耸入云，上有王鏊的题字：伟观。旸谷洞里游人可以步行，洞内两边山崖刻有无碍居士的《道隐园记》。此居士是宋朝尚书李弥大。旸谷洞的东面是无碍庵，先生一行在此坐下稍作休息，此时天快要黑了，他们就在神景观住了下来。

十月六日，先生等人前往游览包山寺。在饭熟之前，灵祐观的道士吴函谷请先生进入此观，先生看到了天禧年间敕赐的"灵祐观"额，字体与"伏象岩"上的非常相似。吃过早饭，先生等人乘轿前往包山寺，所行道路两边的梅林连绵不断，可以想见梅花盛开的景象。到达该寺之后，他们看到松树和岩石的情况，确实像古代著名诗人吟咏的那样。寺庙金碧辉煌，灿烂炫目。方丈是楚人柯庵，与先生交谈时，他谈吐明快秀逸。他所写的书法，运用手腕的技巧很是文雅。他带领先生等人登上大悲阁，观看山上的景色。听说寺后有金刚坛，先生请侍者引导前往。路上只见山势错落有致，令人炫目，侍者说因以前有慈寿禅师在坛上诵经，四大金刚在左右站立，因此这里取名金刚坛。侍者又说这儿也是观看梅花的胜地，初春的时候，树木还没有长出叶子，一眼望去，可以看到十里路远，梅花一直延续到平坦的太湖，太湖的波光和鲜艳的梅花，如同万里白云。

走出寺院，先生想游览毛公坛。席素民说："我曾经到过那个地方，是杂草丛生之处，不如回去。"先生坚持前去，到了那儿，所谓的炼丹台、炼丹井已经不在。只看到两处新坟、一座破旧的民房，当地人说那就是毛公坛的旧址。先生回头看看席素民，感到心情失落。从毛公坛向东走五六里，是橘香庵，这儿是同岑和尚居住的地方。他是嘉兴人，明兵部尚书项忠的后代，先生听说过他的大概情况。近来听说故乡请他去主持楞严寺。先生认为拜访他的住所，就像见到他本人一样。来到橘香庵门口，果然没有见到同岑和尚，只有他的徒弟昙瑞在。在数间住房的周围，松树和竹子环绕，柿树和栗树参差排列，然而这几间房屋却有高敞的厅堂、重叠的宫殿的规模。席素民说："从这些可以看出同岑和尚的才干超人。"先生等人在竹荫下面摊开席垫，稍微喝了一点酒，还让昙瑞和尚做了饼充饥。

自橘香庵向上是福源寺，先生看到其殿前的罗汉松，十分高大挺拔，树上的盘结非常古老。寺中的楼阁高耸，先生打开窗户，引颈眺望，三面都是崇山峻岭。此时已经是下午三点多，估计还可以到达石公山。先生等人急忙返回到灵祐观告别道士，乘船前往石公山。先生极目远望，只见一片美景，恰如杜甫的诗句"青惜峰峦过，黄知橘柚来"所描述的那样。

把船停好之后，先生等人去寻找住宿的地方，赵子伟说："不如住在石公庵。"七人携手同行，在一片赤红的花果林中感到非常闲适，仿佛全身都有了霜果的香色。经过归云洞，大家稍事休息，没有马上进入石公庵。大家坐在磐石之上，观看落日夕照的美景。在此之后，先生进入石公庵，喝了一杯茶，让儿子导诚弹琴一曲，那悠扬动听的琴声解除了众人旅途的疲倦。晚上，先生在小酌之后，走出石公庵，抬头看去，一轮新月渐渐西沉；远远望去，清澈的湖水一眼望不到边际，波光灿烂。在日落的时候，整个世界一片金黄；到月落的时候，整个世界又是一片碧绿。如果世界上真有超然出世的仙人，即使断绝了尘凡，也会尽情爱上这美景。先生观看了很久，才上床就寝。

十月七日，先生没吃早饭就开始游览东边的夕光洞，后又行向东游览了云梯，明朝的太守严经在岩石上题"云梯"两字，往北稍行是联云嶂，王鏊曾经为其题字。联云嶂的下面是太湖。沿着石崖而上，经过穿云洞，右边是风弄，左边是一线天，都可以走上山顶。在石公庵僧人的引导下，先生走向一线天，只见一条陡峭的石缝拔地而起，攀登时要躬身爬行，山路陡峭，沙子滑腻，不能驻足，人们要或推或挽，才能够跨越陡峭的山路到达山顶。虽然没有经过风弄，先生却不感到遗憾，他们穿过落照台，到达夕光洞的上面，在石公庵的后面寻找到道路，沿石壁而下。

吃过饭后，先生拜访了凤起咸，并在他的陪同下登上了明秀阁。此阁是王叔介建造的。先生于阁上回望远山，只见一座有着红色窗户、碧绿房檐的楼，坐落在高高的悬崖上。先生回头对子伟、素民说："这座楼必然不同寻常。"众人随后进入此楼中，只见楼长不到两丈，楼前是大山，楼后是太湖，景色真是壮观。先生返回到船上，转过遵山的山脚向东而去。先生从篷窗望去，山石或者是炫目的美丽山峦，或者是优长的洞壑，却不能同时具有这两种特点。只见石公山高大雄丽，山下幽深奇异。如果不多次游览，肯定不能尽兴。先生认为西山名胜没有超过石公山的，这确实一点也不夸张。

船移到石坂，停了一会，便回到了归云洞。有人说上面是落照台，归云洞只是高耸的山崖被稍稍挖空了的那么一个地方。挖空它的是明朝太守严经，他还题署了其名。夕光洞里的石头，片片倒垂；归云洞里的石头，片片陡直峻峭。在赏心悦目的景色之下，先生等人开始边饮酒，边观看落日夕照、一弯新月，没有想到日落的地方就在波光的末尾，转而却笑夸父的愚蠢；月亮西下，湖上波光闪闪，眼前涌现玉塔千百座，真是奇怪，令人疑惑。在座的人开怀畅饮，感觉不到风露侵衣，人人兴致大爽。

十月八日，天快亮时，先生等人快速前进，沿着太湖边，越过杨坞、明月湾，横渡消夏湾，抵达大龙渚，它也是一处岩穴特别奇异的地方。这里波涛和急流很大，山势险峻高耸，波浪气势磅礴，

第四章　勤苦守节的晚年

石坂时隐时现，仅可涉足。许既受、吴楚山、席朝宗在上面行走，光看着都觉得非常惊险，他们却只管尽情探索幽深之地，这令先生十分羡慕。

先生等人来到南朝梁代就已开创的石佛寺，仅见到了几间低矮的房屋，屋檐上满是藤蔓，污秽不堪。可以一眼看出，洞中的石像很是古老。返还到小龙渚，进入消夏湾。有人说小龙渚没什么可看的，便匆匆而过了。消夏湾深入太湖中八九里，三面山峰环绕，一面朝湖。先生等人在西蔡将船停下来，从缥缈峰的下面出发往上，四里山路，一半人坐轿，一半人步行。越靠近主峰，山路越陡峭。不论是坐轿还是步行，都很困难，需要两个人搀扶。山顶只长草不长树，土多石头少，神祠空旷冷落。太湖中的山峰属包山最大，西山的山峰，以缥缈峰为首。大家各自休息，席地而坐，不久下山。

先生等人乘船出消夏湾，正好顺风，水面平静，船不逆水，很快就走了几里。抵达明月湾后，大风渐渐刮起来。先生回头对子伟、素民说："为什么不到陆地上走走，看看风物？"于是，其他怕风的留在了船上，先生三人步行。一行三人只见楼阁参差、湖山互相照映，正好去看一下神仙居住的地方。他们在高岗上跋涉，下到平坦的山脚，从明月湾到石公庵，不止五六里路。路上经过柑橘林居多，苍翠交加，丹黄纷竞。他们一边走，一边欣赏这就像蜀锦一样的美景。杨坞是山中房屋众多的地方，却看不到狗，路上也不见妇女，只偶尔有挑担的人，安静得就像夜间一样。是夜，风声大作，先生在行船的途中小酌，当夜到石公庵住宿。

十月九日，先生等人准备返回，看到湖中风很大，万浪澎湃，没有人敢说返回的话了。石公庵后都是石壁，东接夕光洞，西连归云洞。先生看到有几根仙芦生长在石壁下面，像竹子一样坚硬，不论是冬天还是夏天都会抽笋，而且要过两三年才会干枯，它还有一个名字叫达摩芦。慧公邀请先生等人前往观看，大家就转移到石公庵左右两边的台子上，抬头就可以看见陡峭的山崖，先生产生了在山崖上写"振衣千仞"四个大字和把一同游览诸人的名字题写在归云洞的想法。然而，先生毕竟不是为了留名，最终还是没有书写。

一开始的时候，先生听说有王姓的挟仙楼可以攀登，便寻找他的主人，却没有找到。为了游玩，大家就登上同是王氏所有的朗西阁，这是王叔介的侄子王伦音的住所，他也很热情好客。先生跟随慧公在起伏的山岭上散步，山岭上种满了乌桕和鸭脚树，景色非常美丽。后来到满愿庵，佛教中有四十八愿之说，进庵的台阶数目和这个数目一样，所以取名叫满愿庵。先生前往寻找王叔介的坟墓，只见四周的围墙用湖石垒成，就连墓碑也是嶙峋的小湖石，周围种植的都是梅树和桂树。虽然这不合古代的礼法，却也有独特的地方。先生在询问之后才知道，这是王叔介的祖墓和他自己的生圹。

在日落之前，先生等人再次游览了杨坞，这是宋朝太子的老师杨傀曾经建造别墅的地方。他们昨天只是从村外的路上经过，远远看了一眼，现在可以看看村中的街巷了。进入村中，先生看到居民的住房并没有特殊的地方，风景却不一样。在进入村中的大门上写着"仁里"两字，先生认为那是来自古代遗民的习惯，其实并不要用仁、义来取名。询问居民后才知道从西蔡村往东居住的村民都姓蔡。在洞庭西山中，秦氏、王氏都是著姓，而蔡姓最为著名。先生本来打算访问林屋山人蔡羽的后代，搜寻他的逸事，却犹豫不决。最后，先生又回到了归云洞。

十月十日，先生在睡梦中醒来，背诵了陆游的一句诗："颇忧昨暮云吐日，犹幸今朝雨压风。"先生担忧仍会有风雨，然而在洗漱梳发的时候，风雨都停止了。迫于人事，再也不能停留，先生于是向西山作揖告别，从此之后，梦中都是美丽的西山了。先生虽然有居住在西山的想法，但毕竟年龄大了。先生此次畅游西山，给他的人生留下了美好的回忆。

第四章　勤苦守节的晚年

别立讲约

从康熙二十二年（1683）秋天开始，朱柏庐先生在东山席家教读，但他时刻牵挂着家乡的学生。当时，先生的学生王素岩和两三个志同道合的同志提倡讲书之约。先生认为自己并不是合适的人选，就推辞了讲书之约这件事情。但是，他后来考虑到讲书之约是盛举，另外，先生又有了特殊的考虑，最终还是答应下来，于是每年少则一两次多则三四次地举行讲书之约。虽然先生讲书之约的出发点良好，但是讲约的举行却不是一帆风顺，中间历经了举行、中止、继续讲约的一番波折。

康熙二十五年（1686）六月以来，先生有了继续讲书之约的想法。因为当时世道陵夷，人伦荒坏，士品颓污，学术晦盲，他十分担心学生会沾染上这些恶习。先生打算以讲论儒学道义为重，想用自己的微弱的道德力量挽回颓败世风于万一。他十分希望学生和自己一起用排山倒海、力挽狂澜的气势来挽回当时颓废的社会风气。

八月十五的中秋节快要到了，席家特地给先生放假让他回家过节。先生放假之后匆匆赶回昆山，在康熙二十五年八月十五之前举行了一次讲约。应约而来的有吕廷章、魏宗灏、毛云翼、董观三、顾易等人。吕廷章，字德焕，号孚三，邑诸生。他跟随朱柏庐先生学习，非常尊敬先生。朱柏庐先生死后，他为朱柏庐先生出版遗集，并和王素岩一起在马鞍山山麓建筑祠堂，捐田致祭，毕生言行都遵从老师的训导。他还著有《迁改录》《严心书屋集》。魏宗灏，字光士，后来又冒姓李，当时众人多称他为李光士。他自幼跟随朱柏庐先生学习，服从老师的教训，言端行悫，为当时的士林所推重，著作有《迁改录》。毛飞，字云翼，年幼的时候父母双亡，他家中贫穷，凭借馆谷来自给。康熙二十五年（1686）考中秀才。过了壮年以后，他丧失配偶及儿子，借居在寺庙中读书，志气越来越强。他的治学态度非常严谨。董观三，自幼跟随先生学习，潜心研究理学，积极与同学切磋。顾易，字中孚，号柳村，是顾恂的九世孙。他原是太仓学的廪生，后改归到新阳县学。在他十六岁的时候，母亲归氏病情严重，十分危险，他向苍天呼吁，祈求自己来代替，又挖下臂肉来煮成肉糜，再加上中药来进奉给母亲，不久，母亲的病情痊愈。等到长大以后，成为伯父的嗣子，他虽然很贫穷却尽心奉养伯父。

　　先生看到前来听讲的学生中没有王喆生、盛玉臣、张闓成，心中有点奇怪。王喆生（1648—1728），字醇叔，号素岩。他用青浦籍补为诸生，康熙十六年（1677）考中顺天乡试解元。在康熙二十一年（1682）成为进士，被授官翰林院编修。盛玉臣，名炎虎，他的功名是诸生，跟从朱柏庐先生学习，先生勉励他不要变更文体，著有《东莆草堂稿》。先生转念一想，有些学生目前正在参加考试，非常忙碌。于是，他很快恢复了常态，开始热情洋溢地讲论起来。这次讲约之后，时间就到了中秋节，先生在家中欢度中秋。

　　不幸的事情发生了，在康熙二十五年中秋的时候，朱柏庐先生脾疾发作了。先生因为病情发作而无法给学生们讲课，他每天躺在床上养病。在床上养病期间，先生因为上次讲约中学生们得力不多而郁郁不乐。他自认为道德浅薄，感叹人们不能力行道德，因此写了《辍讲语》。文章的内容大略是，《中庸》成己成物，罔弗由诚。诚非虚怀其愿而已，必于圣贤学问躬行实践，不欠一分，乃为善也。又说："日用常行，虽曰道不外是，然古之所云，罔非伦常矩矱。而今也心之所见，无非卑鄙；事之所

第四章　勤苦守节的晚年

为，无非苟且，种种恶习，宁复有出头之日乎？学者须勘破病根，跳出坑坎，以圣贤之心为心，以圣贤之事为事。日用常行，一一正其本位。从其上而讨求精彩，于以进道不难。诸君能努力向前，将世道、人伦、士品、学术一肩任去，用纯亦敬拜下风，何必予之言是听哉。"这段话的意思是，《中庸》中的除了自己有所成就之外，还要惠及他人，要想做到这些就要坚持"诚"。"诚"并不是空怀愿望，而是切切实实地做学问，踏踏实实地做人，尽得前人的学识，尽得圣贤之道。这才是最好的事情。日用常行的道理在古代不外是伦常规矩，在现在看到人心中的只有"卑鄙"二字，所做的事情无非是"苟且"等种种恶习，怎么能有出头之日呢？学者应该看到这个病根，跳出这个坑坎，以圣贤之心为心，以圣贤之事为事。日用常行，一一归正到它的本位。从其中获得精华部分，那么进道也就不难了。诸位同志努力向前，将世道、人伦、士品、学术一肩挑去，用纯也敬拜下风，何必非要听从我的讲课呢？

在中秋暂停讲约之后，先生深感讲书之约的不易，但是，先生是一个意志坚强的人，他决定继续。先生一边继续进行讲书之约，一边争取王喆生、盛玉臣、张闇成前来听讲。为了争取他们，先生先后写了《辞及门诸子》《辞诸子听讲》《与王醇叔》《与王醇叔第二札》《与盛玉臣、刘御蕤、张闇成、王醇叔第一札》《代犹子与醇叔第二札》《与毛云翼》等文章和书信。通过《辞及门诸子》《辞诸子听讲》两篇文章论述自己举行讲书之约的原因和同学实践圣贤之道的办法。通过上面的书信，先生和学生交流了关于讲书之约的看法。对于不同的情况，先生采取了不同的做法。在《与毛云翼》的信中，先生对于毛云翼迫切举办读书之约感到非常欣慰，对于他的积极行动进行了肯定和表扬。在《与王醇叔》的信中，先生则回顾了讲书之约的经过，对王喆生进行了委婉的批评教育，追问他为什么两次约请而两次都没有到场。在《与盛玉臣、刘御蕤、张闇成、王醇叔第一札》中，则提醒几位同学：如果志同道合，为什么不共同来参加讲书之约呢？对于别人认为"讲约为循名,不责实者"的说法,先生并不在意。经过先生的一番思想工作和督促,讲书之约获得了较好的效果。

　　在康熙二十九年(1690)的一天上午,先生来到大树书屋,讲通书四章。下午,先生听诸位学生讲四子书,各抒己见,相互论证,看到学生们如此用功,先生心里十分快乐。他想,从此以后讲约都要按照这样的"理"来做这才是"敬",不"敬"会导致事情失去一端而且违反"理"的很多,但若是君子在做事的时候坚持"敬",则很少有后悔的时候。

　　先生提倡的讲书之约后来产生了较好的影响,即使先生在康熙三十七年(1698)去世了,他所倡导的讲约也并没有消失。在先生死后的康熙三十八年(1699)夏天,王喆生、吕廷章、魏宗灏、毛云翼、董观三、顾易等人汇集在严心斋,续举讲约。

第四章　勤苦守节的晚年

孟春释菜

康熙二十八年（1689）快要结束了，朱柏庐先生的学生席朝宗因为天资不好而学业没有得到较好的提高。经过慎重思考之后，先生坚决辞掉了来年在席家教书的馆职。在写给介绍自己前来洞庭东山席家教书的金天立的信中，先生说："考虑很久之后，我决定必须辞掉教席。虽然席太夫人和献臣兄弟对我非常尊重，款待的礼节非常周到，而你又谆谆请求我教书，辞掉教席的话语似乎很难说出口。然而，居其位不可不尽力做好事情，事情做不好而白白吃人家的食物，这是我一生从不苟为的事情。朝宗的天资薄弱，确实不能像天资聪颖的学生那样整日教学，但是我既然不能有益于朝宗，又怎么能还高高端坐在教席上呢？"通过这封信，先生坚决辞掉了东山席家来年的聘请，与儿子导诚一起在春节前夕回到了昆山。

在除夕的时候，朱柏庐先生开始悬挂祖先画像，还有先生购回的《五老图》原本。他在供桌上放置了祭祀祖先的茶果、粉丸、糍糕等，在祭品的前面放置了香炉。朱柏庐一家穿戴整齐，他排在最前面，接着是四弟用商和导诚，依照长幼辈分的次序站立。先是朱柏庐先生上香，弟弟用商奉茶，先生献茶之后回到原来的位置，率领全家人跪着给列祖列宗磕了三个头，礼毕告退。

从元旦开始，除了吃饭之外，先生整日静坐，侍奉在祖先画像的旁边。连续五日之后，先生感觉到，自己穿的衣服、语言行动几乎要和祖先的身体连接起来了,就像受到了祖先的亲口教导一样。

年初七,先生的学生来到他的住处聚会,这是学生们多年以来形成的一个习惯。先生是一个非常重视师生之间感情的人,在康熙十四年(1675)正月初七的时候,先生因思念自己的学生,特地写了一首《乙卯人日招及门诸子过话即以当简》的五言律诗。在诗中,他写道:"同此昼与夜,独命为人日。世俗竟相传,不知义何出。我顾深有取,顾名宜思实。人道不宜尽,交勉无苟失。抚兹气象新,敢复少暇逸。眷言二三子,矜尚寡俦匹。菜羹脱粟饭,招邀话相悉。回首献岁来,逾日已六七。想当不待速,疾驱过蓬荜。"在这首书信体的诗歌中,先生劝勉学生在初七日前来聚会聊天。这首诗写得亲切自然,循循善诱。学生们在接到这封书简之后,非常感动,纷纷来到先生的家中聚会聊天。从那之后,学生们形成了一个习惯,每到正月初七的时候,都要到先生的家中见见面,说说话。

最先来到的学生是吕廷章,然后是魏宗灏、毛云翼、董观三、顾易也相继到来。大家到了之后,首先给老师磕头拜年,然后站起来给老师问好。最后,朱柏庐先生让他的弟子坐下喝茶。随着弟子的到来,先生开始忙碌起来。正在先生非常忙碌的时候,先生的高徒王喆生来了,他也是先给老师磕头拜年,然后站起来给老师问好,最后,朱柏庐先生让他坐下。在他来到之后,整个屋子静了下来。因为在先生的所有学生中,王喆生是进士出身,又做过翰林院编修,还做过会试同考官,在回到家乡之后,热心地方公益事业。王喆生在椅子上坐好之后,他和先生聊了起来。先生说:"醇叔,你看我们今年的讲书之约怎么办呢?"

王喆生说:"现在社会上尊师重教的礼节很是荒废,有的同学在路上见到老师掩面而过,今年我们按照朝廷的规定在二月上旬的第一个丁日释菜,老师,你看怎么样啊?"

朱柏庐先生微笑着说:"醇叔,你说得很好啊!但是,我想按照白鹿洞规,应当在一月举行,因为一月是开始入学的时候,在这个时候举行释菜的礼仪是要使学生以尊师重道为信念。"

王喆生沉吟了一会,接着说:"老师,你说得有道理,因为朝廷规定,释菜在二月上旬的第一个丁日是在县城学宫举行的官方祭祀孔子的礼仪,而我们只是私人举行的释菜仪式。那么,老师,你看什么日子合适呢?"

先生说:"时间定在仲丁吧,也就是十五日。"

王喆生思考了一下,说:"这个时间是个好日子,你看我们在哪儿举行仪式呢?"

先生慢条斯理地说:"汝济今年聘请我教他的三个儿子,正好我们可以在小有堂举行。"

王喆生说:"这个事情要和汝济提前打招呼,谁去把汝济请来呢?"

真是说到汝济,汝济就到了。他本来就是先生的学生,听说同学们在老师家拜年,就信步来到朱柏庐先生的家中。汝济听到有人提到他的名字,就问道:"请我来有什么事情呢?"

先生说:"今年的学馆在你家,我和诸位同堂想用你家的小有堂举行释菜的仪式,你看可以吗?"

汝济马上说:"可以啊!今年准备什么时候开馆呢?"

先生说:"我今年开馆定在正月十五,上午举行释菜的仪式,下午为同学讲课。"

汝济点点头,表示他赞同先生的话。

释菜,又叫释采,是古代入学时祭祀先圣先师的一种典礼。明朝号称"太平风流宰相"的顾鼎臣在请假回家探亲的时候,率领同乡子弟在学宫释菜,归有光也参加了这次仪式。在昆山,"尊师重道"早就是传统了。朱柏庐先生深受昆山先贤的影响,决心把"尊师重道"的思想在昆山发扬光大。

为了能把释菜的仪式进行得比较好,先生提前两天就和自己的学生演习礼仪。先生非常认真,虽然他已经六十四岁,但是还坚持演练。在对练的时候,先生忽然感到有小物得失,心中有所感触。但是,先生很快就想到这样做是不对的,先师在上,不能对他有二心，要专心致志才行。先生独自反省了一番。

时间过得很快，正月十五到了，况且又是传统的元宵节。先生吃过早饭，来到了半茧园。走进半茧园，先生就想起了自己小时候的同学、有着五十年友谊的朋友叶奕苞。叶奕苞离世之后，先生在二十日内三次吊丧，每次在他前往吊丧的时候，都悲痛欲绝，不知不觉地流下泪水。叶奕苞只有一个儿子，名叫汝济，早年跟随先生学习。叶奕苞把教育儿子汝济努力学习、砥砺品行的责任交给了先生。

正在回忆四年前发生的事情的时候，一声轻轻的问候把先生的思绪拉了回来，先生一看，原来是汝济在和自己打招呼。先生知道汝济性格淳厚谨慎，非常喜爱这个学生。在汝济的陪同下，先生来到了小有堂前。此堂位于两座土山之间，处于园子的正中。小有堂周围种有奇异的树木，先生不禁想起了陈瑚专为它写的一首诗："忘情思草木，细与橐驼谋。移竹宜乘雨，锄兰不待秋。名花分上苑，异种自仙洲。蔗境吾生乐，浮名水上沤。"

先生走进小有堂之后，汝济已经让家人搬来椅子，并为先生准备了茶水。先生的弟子也逐渐地到来，先生看时间差不多了，就让弟子开始举行"释菜"的仪式。

堂的正中已经挂上了先圣孔子、先师颜子的画像，水芹、韭菜、红枣、栗子四样果蔬放在供桌上，香和蜡烛已经点燃。学生们按照早已拟定的顺序站好，先生站在最前面，王喆生紧随先生，带领同堂向孔子三拜。最后，王喆生让先生坐在椅子上，带着同学一起向先生行谢师礼。

吃过中午饭后，先生在小有堂为学生讲《富与贵章》。

第四章 勤苦守节的晚年

律己修身 垂训后世

七十大寿

每年的四月初五是先生的生日,在先生六十大寿的时候,由于他当时正在洞庭东山的席家学馆中教授学生,因此在生日这天,他还要坚持教学。在当日的教学结束之后,先生不禁回顾起自己六十年来的所作所为。他非常感慨,觉得自己在这几十年中没有做成什么事情。由于亲戚、学生、家人都不在身边,没人给先生祝贺生日,先生只能在自己房中自省。

因为学生席朝宗的天资不好,先生认为再教下去是误人子弟,于是就辞掉了席家的馆职。从康熙二十九年(1690)正月开始,先生在昆山教书。他一整年都是忙忙碌碌的,只有年初的几天可以休息。先生是一个勤劳的人,他不愿意浪费一分一秒的时间。

十年时间一晃而过,康熙三十五年(1696)四月初五是先生的七十生辰。这次大寿的时间快要到来的时候,先生就开始考虑起大寿的事情。自从妻子陶端去世以后,先生再也没有从前那样省心,好多的事情都要自己操心。先生的嗣子导诚忙于科举考试,但多次没有取得成功,只好依靠教授学生度日。导诚夫妇比较孝顺,先生的生活过得还算愉快。

在生日前夕,朱导诚来到先生的房间里请安。请安之后,他对先生说:"父亲,您的七十大寿怎么办呢?"

先生说:"由于父母的养育,我才活到现在这个年龄。如果只是自己享用,那是非常惭愧的事情,还是要准备牲仪告诉父母。

高祖、曾祖放在自己的心中，就不全部祭祀了。"

导诚说："祭祀的东西用什么呢？"

先生说："鸡鸭等祭祀用品肯定要的。"

导诚说："明日款待亲戚、宾客用什么呢？"

先生说："还是用素菜吧。"

导诚说："好啊，请哪些客人呢？"

先生说："我也不想大操大办，不要下请帖了，愿意来做客的就接待。"

导诚点点头说："那就按照父亲说的做。"

第二天早晨，先生把自己的头发梳理整齐，又换了一身干净衣服。导诚和先生的四弟用商则前往集市购买用于宴席和祭祀的东西。

此时正值春末夏初，大地一片碧绿。柳树长出稠密的树叶，好像要把整个树木包裹起来。河边柳树的倒影映在水面上，像一朵朵白云。池塘里的荷花正在茁壮生长，在绿叶中不时有含苞未放的花蕾随风摆动。而今天的天气也非常晴朗。

在祭祀的物品买来之后，先生让四弟用商把鸡、鸭等宰杀并清洗干净，然后用盘子盛好放在父母的像前。先生慢慢走到父母的画像前面，点燃供桌上的三炷香，插入香炉中，然后跪在地上，磕了三个头。在此之后，先生声音颤颤地说："亲爱的父母啊！你们养育了我，我却无法报答你们的养育之恩。你们已经去世了很久，而我却忍辱偷生，真是不孝之子啊！请父母在天之灵原谅我吧。"说着，先生的眼泪流了下来。不一会儿，就满脸泪水了。

看到先生如此伤心，四弟用商和儿子导诚都急忙上前劝说先生。四弟用商说："大哥，今天是你七十大寿，不要哭坏了身子。"导诚也说："父亲，不要太伤心。"在大家的劝解下，先生停止了哭泣。

亲戚、客人逐渐多起来，导诚忙着招待他们。先生的内外亲戚无不到场，学生吕廷章、王喆生、毛云翼、董观三等也前来为先生祝寿。然而，先生却坚决不接受亲戚和学生的祝寿。即使是自己的儿子和儿媳，先生也不让他们给自己觞祝，只是让他们拜见画在图上的老寿星。

第四章　勤苦守节的晚年

律己修身 垂训后世

儿子朱导诚是先生的嗣子,他本来是先生的三弟朱用鼎的儿子,在六岁的时候,他的父亲朱用鼎因病去世了。从此,先生像养育亲生儿子一样养育他。后来,因为先生没有儿子,在征得父族、母族、妻族的同意后,确定朱导诚为自己的嫡长子。朱导诚不辜负先生的教导,在康熙二十年(1681)考中诸生。先生又为他娶妻葛氏,导诚夫妇生有两个儿子和四个女儿。先生此时可以说是儿孙满堂。

在款待亲戚、客人的宴席上,全部使用素菜。先生不愧是言行一致,在他的《治家格言》中,先生写道:"饮食约而精,园蔬逾珍羞。"而在现实生活中,即使是在举办自己的七十大寿时,先生也是这样做的。

七十大寿过后,先生还是像以往那样勤于教授学生,坚持自学。由于过分劳累,先生在七十一岁的时候,又病倒了。对于先生的疾病,陈大夫、赵大夫都说是因为先生在教授学生的时候,过于用心,耗气太多所致。两位大夫叮嘱他以后切戒阅文和讲书。然而先生是塾师,阅文和讲书是他必须从事的教学活动。他也深知今年所从事的馆职是自己不自量力,但是,既然已经承担了这个工作,不把它完成或者在完成的时候敷衍塞责都是有负神明。因此,先生决定还是坚持把这个工作认真完成。

在炎热的夏季,学生们已放假在家。而朱柏庐先生则如同平常一样严整地坐在家中,再次阅读《易蒙引》。天空中的太阳发出耀眼的光芒,像火球一样炙烤着大地。树枝上的绿叶似乎已经有点变形,沉闷的空气也似乎不再流动。路上几乎看不到行人,偶尔看到的行人也手里拿着水罐在大口喝水。先生所在的房间的北面没有一个窗子,屋里非常炎热,然而先生却整整齐齐地穿着衣服,一点不裸露身体,手里没摇着扇子。他一点也感觉不到毒热的困扰。先生把自己的注意力全部放在读书上,因专心读书而感觉不到热浪滚滚。通过这件事情,先生懂得了一个道理:对于炎热,如果去关注就会感觉到;如果不去关注,就感觉不到。先生因勤于学习而忘记了一切,感觉不到热浪滚滚。

临终嘱托

时间进入康熙三十七年（1698），先生此年已经七十二岁。这时，先生因年老而体弱多病。因为妻子已经去世多年，先生的年龄又越来越大，只好由先生的嗣子导诚和儿媳妇葛氏来照顾。导诚跟随先生学习多年，学习很认真，也很孝顺父亲。他考中了诸生之后，在县学的学生中很有名声，但是在考举人的时候却屡受挫折。先生勉励他说："对于科举进取，你不要急躁，不要抱怨。文章如果写得不好，即使考得功名，也是很可耻的。否则，虽然没有取得较高的功名，但又有什么好伤心的呢？"在先生的勉励下，导诚更加脚踏实地，不再为功名进取而烦恼。他竭尽全力照顾好父亲，妻子葛氏也十分支持丈夫。

即使有儿子导诚和儿媳葛氏的无微不至的照顾，先生的病情还是一天天加重了。先生的四弟用商也时常前来探望，先生躺在床上，回忆去年的时候，两人坐在一起闲谈的情景。当时，两人谈到名教衰息。先生在幼年的时候，很少看见有兄弟不和睦的情况。如果看见兄弟不和睦的情况，大家都认为是骇人听闻的怪事。然而，在先生古稀之年的时候，兄弟不和睦的情况却接踵而出，所知道的不止十几家，能不发人深省吗？现在，先生看到自己兄弟时常来看望自己，兄弟友爱，心中非常感动。而四弟用商也时常在探望的时候尽量捎带一些先生爱吃的东西。可是，先生的胃口已经越来越小了。

律己修身 垂训后世

在四月初四的时候,先生已经感觉自己的病情严重,可能活不了多久了。儿子导诚正好在他面前,先生便让他把自己的四弟用商叫来。导诚应声前往叔叔用商的住处走去,好在叔叔用商也住在同一个院子中。不久,四弟用商来到先生跟前。

先生看到自己亲爱的四弟来到面前,但由于病情严重,先生只能慢慢抬起头,微微张开嘴巴,小声地说:"为我设立祖先的牌位,准备清酌,然后把我扶起来参拜祖宗,以致全归之意。"四弟不安地说:"你还是躺在床上好好养病吧!等过几天,你身体好点再说吧!"先生听到他的话后,摇摇头说:"还是把我扶起来吧,我要拜拜祖先,也许过几天,我就站不起来了。"在先生的坚持下,四弟用商对侄子导诚说:"把祖先的牌位就设在这间屋子中吧。"导诚于是就把祖先的牌位设在供桌上,在供桌上放置了几样祭品。这些祭品有鸡、鸭、鹅、水果等。在四弟用商和儿子导诚的搀扶下,先生勉强站立起来,慢慢地走到供桌的前面。他深情地看着祖先的牌位,眼睛中慢慢涌出了眼泪。先生在四弟用商和儿子导诚的搀扶下,对着祖先的牌位,拜了三拜。然后对着祖先的牌位慢慢地说:"列祖列宗在上,不孝之子用纯向你们最后一次参拜,希望你们在天之灵保佑用商和导诚,使他们健康长寿。"话刚说完,先生不住地咳嗽起来。先生在四弟用商和儿子导诚的搀扶下,又躺回床上。这时,儿媳葛氏把熬好的中药汤送了过来,导诚坐在先生的旁边,把药汤一勺一勺地喂给先生,先生微张嘴巴,一口口慢慢吃下去。

三天后,也就是四月初七。这日的天气非常奇怪。时值初夏,早晨的时候,天气非常晴朗,天空万里无云,大地一片碧绿。先生在早晨的时候,已经从昏厥中苏醒过来,儿子导诚和儿媳葛氏看到先生苏醒过来,就问先生:"您要吃点什么?"

先生说:"吃点米粥吧。"儿媳葛氏于是就开始用锅煮粥。过了半个时辰,热腾腾的粥送到了先生的面前,导诚先用勺子把米粥晾凉,直到不烫嘴,才给先生吃。吃过米粥后,先生看起来精神很好。他对导诚说:"你去请我的学生来,我有话要同他们说。"导诚听到父亲的话语后,急忙走出去寻找父亲的弟子。先生的弟子闻讯前来,先生用深情的目光看着自己的学生,久久没有讲话。

他又让儿媳葛氏把自己的《删补蔡虚斋〈易经蒙引〉》《四书讲义》这两本书拿来。在先生一生所著的书中,花费精力最多的书就是《删补蔡虚斋〈易经蒙引〉》,在这本书中,先生阐明了《易》理最精。先生在《四书讲义》中也阐发了许多先儒没有阐发的道理。先生把这两本书交给嗣子导诚说:"好好将这两本书收藏在书箱中,我将来到地下见到先人要靠这两本书呢。"过了一会,他慢慢转过头来,看看前来的弟子,这些弟子有王喆生、王景献、朱立诚、支守默、吕廷章、魏宗灏、刘葳、毛飞、董观三等。

这时,外面的天突然阴下来,一阵阵大风开始吹起,先生的精神渐渐委顿不济。他对身边的及门弟子说:"学问在性命,事业在忠孝。"所谓性命就是指程朱理学,所谓忠孝是指忠于国家,孝顺父母。这句话的意思是先生希望自己的学生认真学习程朱理学的学问,人一生至关重要的事情是忠于国家、孝顺父母。

说罢,先生溘然长逝。此时,外面下起了滂沱大雨,在这雨声中,响起哭声一片,风声夹杂着哭声和雨声,一时响彻天空。

先生死后,他的学生给他私谥"孝定先生"。当时,一般是朝廷给死去的大臣一定的谥号,由于朱柏庐先生一生隐居教授,朝廷是不能给予谥号的,所以门人私自给他谥号。

友人们也以种种形式吊念先生:"吴中三高士"之一的杨无咎为先生撰写了《朱柏庐先生传》;苏州著名状元彭定求为先生撰写了《朱柏庐先生墓志铭》;顾维桢专门写了《挽朱柏庐先生》一诗,在这首诗中他深情地写道:"五十余年隐笔耕,全归此日答生成。采薇不负登山志,废蓼常怀背坐情。一代征君辞荐牍,旧朝处士当铭旌。泉台若遇南州子,把臂才完金石盟。"这首诗描述了先生坚贞不屈、富有节气的一生。

当年十月,朱柏庐先生被埋葬在了祖墓所在地的阳山。目前,该地在苏州市高新区浒墅关镇阳山。

第五章
万世敬仰的人品与学术

朱柏庐先生在三大方面做出了比较大的历史贡献。一是教学成绩，二是理学上的贡献，三是有着较为丰富的学术著作。他一生教育出众多的弟子，为昆山培养了大量的人才，提高了区域内的人口素质；先生一生恪守程朱理学和古圣先贤的教诲，在理学的通俗化和实践上做出了不平凡的贡献。先生在教学之余，勤于著述，留下了大量的著作。先生由于杰出的人品和学术，名列"昆山三贤"，成为流传千古的历史人物。

《治家格言》石刻

三贤祠考

在历史上，昆山市现有的辖区内曾经有过四座"三贤祠"。最早的"三贤祠"出现在明弘治三年（1490），是当时的县令杨子器在石浦的真如观创建的一个祠堂，用于祭祀卫泾、叶盛和张和，称"三贤祠"。卫泾（1159—1226），字清叔，号拙斋居士、西园居士，又称后乐居士，是南宋淳熙十一年（1184）甲辰科状元。卫泾在淳熙十一年中状元后，被授官承事郎，添差镇东军签判，后历任秘书省正字、校书郎、著作佐郎、贡举参详官、淮东与浙东两路提举、起居舍人、礼部尚书、签书枢密院事兼参知政事等官职。卫泾在年少时就有不同寻常的操行。他在朝为官时，因弹劾韩侂胄妒贤嫉能、排斥异己而被罢官回家。他六十八岁去世时，被追赠"少师"，追封"秦国公"，谥"文节"。叶盛（1420—1474），字与中，正统十年（1445）成进士，授兵科给事中，后官至吏部左侍郎，死后谥"文庄"。他在边地做官从来不带家属，只带几个抄书人抄书，公务之余未尝一时辍书。他只要一看见好书，即使不是十分完整，也必然要依照一定格式抄写。他储藏的书目，共有二万余卷，有大量的奇秘书籍。他留有《菉竹堂书目》六卷、《菉竹堂》六卷。他还是一位非常贤能的官员。张和，字节之，号篠庵。他是昆山淞南人，明正统四年（1439）进士，本来在廷试中拟定他为第一名，因为他的眼睛生翳而改为二甲第一名，景泰元年（1450），受聘江西乡试主考，后来被授予南京刑部主事的

律己修身　垂训后世

官职。六年后他进入翰林，应召修编《宋元通鉴纲目》。天顺元年（1457），他回到南京，升官郎中，擢升为浙江提学副使，以自己的身教来为绅士的示范，他的仪表和规范很是严整，被人们所敬仰。他为人廉洁、耿介、端正、严谨，不进出权贵之门，听到别人讲忠义的事例，就像自己所做的一样，十分高兴。他生平以厚道自居，享年五十三岁。他的著作有《篠庵集》十卷、《篠庵论钞》《秋台清话》等。县令杨子器为了表彰这三位昆山名人，特地为他们创建了"三贤祠"。

此后是锦溪的"三贤祠"。该祠的建立正逢明清易代之时，是以太学生陆世钥的住宅改建而成，祠里供奉着三位历史人物：陆贽、陆烈和陆龟蒙。这三位贤人都列在了苏州500贤人内。

陆贽（753—805），字敬舆，苏州人。他虽然少年时代就成为孤儿，但表现却很不同于一般人，非常勤于学习儒学，十八岁就登上进士第，以博学鸿词登科受官华州郑县尉。后因为判案出类拔萃，被选授渭南县主簿，后再次升迁为监察御史。唐德宗在东宫的时候，一向知道他的名声，就把他召为翰林学士，转为祠部员外郎。由于他非常忠诚于皇帝，又转为中书舍人。此后，他被朋党排挤，同事害怕他的能力，加上他言事激切，失去了皇上的欢心，故没有被任命为辅相。在母亲去世的时候，藩镇所送来的丧礼钱和其他饷遗，他一概都不收取。他精于吏事，斟酌决断，分毫不差。

陆烈（生卒年不详），字伯元，是西汉时宰相陆通的后裔。陆烈在西汉时曾任吴县令，后迁豫章为都尉，死后葬于胥屏亭。他的子孙成为吴郡人，发展成江南强宗大族，后来江南陆姓尊陆烈为始祖。

陆龟蒙（？—881），字鲁望，别号"天随子"。唐代末叶的著名诗人、文学家，与皮日休并称"皮陆"。苏州甫里人，出身官僚世家，其父陆宾虞曾任御史之职。早年的陆龟蒙热衷于科举考试，屡次参加进士考试，都没有考中。此后，陆龟蒙跟随湖州刺史张抟做幕僚。后来，他回到了故乡甫里隐居，勤于著述。李蔚、卢携是他的好朋友，他们执掌朝政后，召拜陆龟蒙为左拾遗。但任命的诏书刚刚下来，陆龟蒙就去世了。后人因此称他为"甫里先生"。他著有《甫里先生集》、《小名录》五卷、《笠泽丛书》三卷、《翰苑集》二十四卷等。

　　再后是在康熙年间，由朱柏庐先生的门生王喆生、吕廷章等主持建造的祭祀明朝殉节的朱集璜、陶琰和朱用纯的祠堂，该祠在马鞍山的南麓，初名"三贤祠"，后改名为崇贤祠，在乾隆年间重修。当时在康熙三十八年（1699），吕廷章等人在朱柏庐先生生前读书、教学的相在书屋合祀孝定先生、节孝先生和仁节先生。后来，相在书屋岁久倾圮，王喆生、吕廷章等人为了能够继续祭祀三位先生，就在马鞍山南、关侯庙的西偏修建了祠堂。修建的时间开始于康熙五十八年（1719）的秋天，结束在康熙五十九年（1720）的夏天。一共花费的八十多两银子，由王喆生、吕廷章和陶琰的儿子共同出资。吴宾王和陶越砥负责管理财物和召集工人，吕廷章的儿子吕浚负责监视、督理。在康熙五十九年八月，王喆生、吕廷章等人把三位先生迎入祠堂祭告礼成。咸丰年间，这个祠堂毁于太平天国农民战争。同治八年（1869）的冬天，新阳知县廖纶把该祠改建成专门祭祀朱柏庐先生的专祠，而且把朱柏庐的门人也附带祭祀。他曾亲手书写过朱柏庐先生的《治家格言》。

　　最后的三贤祠是建在西塘街的"三贤祠"，也就是本文要讲述的主要对象。它建立在民国三十三年（1944），在今江苏省昆山中学内，是为纪念顾亭林、归震川、朱柏庐而建造的。顾亭林（1613—1682），初名绛，字忠清，在昆山县学读书时的庠名叫顾继绅。明朝灭亡后改名顾炎武，字宁人，亦署蒋山佣，学者尊称他亭林先生。他一生留下了大量的学术著作，提出"天下兴亡，匹夫有责"，还提倡务实的学风，开启了有清一代的学术风气。归震川（1507—1571），名有光，字熙甫，又字开甫，别号震川，自称项脊生，昆山玉山镇人。归有光的住宅在玉山镇酒坊桥南，内有承志堂及左右夹室。他九岁就能读书作文，十岁时写了《乞醯论》，十四岁开始应童子试，二十岁考了第一，补为苏州府学生员。嘉靖十九年（1540）中举，在应天乡试中考了第二名，声名大振，此后八次到北京参加会试都没有考中。嘉靖四十四年（1565）考中三甲进士，被授湖州长兴县知县。隆庆三年（1569）改顺德府马政通判，次年升南京太仆寺丞，留北京掌内阁制敕房，修《世宗实录》，因抱病坚持工作死在任上，在政治上终于实现了修齐治平的理想。他开创了明朝中期的一代文风。

西塘街和东塘街历来是昆山县城的繁华之地，由于西面通娄江而交通方便，许多的大户人家都住在那儿。当时修建西塘街"三贤祠"的是汪伪政府，他们打着纪念顾亭林、归震川、朱柏庐的旗号，希望欺骗和奴役中国人民。很快，抗日战争取得了胜利，此"三贤祠"后来被国民党政府改为"忠烈祠"。

遗民朋友

中国历来重视交友之道，其最重要的原因是朋友以共同的爱好和兴趣为基础，互相学习和促进。昆山叶沄在《子兆兄墓志铭》中说："吾吴前明之际，士人多敦友道而淡族属，以族属疏则等同路人，不若友道之同方同术者，可久要也。"这种重视朋友疏远同族的交友之道对于朱柏庐先生也很有影响。古人云："物以类聚，人以群分。"先生是明朝遗民，决定了与先生交往的对象绝大多数也是遗民。

（1）先生与李映碧的交往

映碧是李清的号，李清（1602—1683），字心水，号映碧。他是扬州兴化人，出身在簪缨世家。他的高祖李春芳是明朝嘉靖状元、隆庆初年内阁首辅。曾祖李茂材官至太子太保、礼部尚书。祖父李思诚，天启年间礼部尚书，曾受魏忠贤陷害而被夺职，至崇祯初年在昭雪平反后未再出仕为官。父亲李长祺厌倦制艺，放弃举业，非常喜爱阅读子史奇书，有时甚至脱掉衣服典质购书，终因秉烛夜读，咯血早逝，年仅二十九岁。李清后被伯父李长敷抚养长大。李映碧在天启元年（1621）考中举人，在崇祯四年（1631）考中进士。成进士后，任宁波府推官，在任时做了不少平反昭雪的事情。崇祯十年（1637）被召入北京，擢升刑科给事中，曾上疏皇帝弹劾熊文灿剿"寇"用"抚"不当，未被皇帝采纳，反遭到谗言和妒忌。次年,又因天气久旱疏请宽刑,话语侵犯了当时的刑部尚书甄淑,被降职为浙江按察司照磨。后来甄淑因纳贿被关入监狱,他才被起用吏科给事中,不久转为工科左给事中。崇祯十七年(1644)甲申之变,李映碧因奉旨出京而避免了被俘。福王即位于南京后,李映碧任弘光朝工科都给事中,迁大理寺左寺丞,别称廷尉。

南明弘光政权灭亡后,李映碧隐居松江、昆山。在昆山寓居时,与昆山有志行的葛芝、朱柏庐先生等交往。大家在一起宴会、作诗、谈论、喝酒,很是快乐。后来他家迁往高邮,最后隐居家乡枣园。在他离去时,葛芝写了一篇《送李映碧廷尉归昭阳序》。清廷御史中丞蔡士英、大学士徐元文先后奏请清廷重用他,皆屡征不去,借口年老多病拒绝出仕,闭门著书,表现出坚贞的民族气节。他平生著述等身,所著书籍有《三垣笔记》《南渡录》《南北史合著》《折狱新语》《澹宁斋集》等数十种。

早在朱柏庐先生的父亲自杀殉国之前,大名鼎鼎的李映碧就已与先生有书信来往。在朱柏庐先生的父亲自杀殉国之后,李映碧致书并送厚仪吊唁先生的父亲朱集璜,不仅李映碧送来了厚奠,他的长子也送来了致祭的惠仪。朱柏庐先生万分感激,但是他却只收下了李映碧先生送来的纸钱。

从此,两人的交往更多了,李映碧寄来自己所写文目及文章一册请朱柏庐先生提出意见。先生在回信中提议凡是触冒忌讳的文章可另为一册。另外,先生提醒来往书信中的一些内容应该删去。先生还收藏了李映碧的许多著作。在李映碧回到江北后,两人还时常有书信来往,仅在《柏庐外集》中就收录了朱柏庐先生给李映碧所写的七封回信。在《愧讷集》中也收录了朱柏庐先生给李映碧所写的三封回信。两者相加共有十封回信。从书信的内容可以看到先生对李映碧怀有深厚的感情。在李映碧六十大寿时,先生作有《李映碧先生六十寿序》,在李映碧七十寿辰时,又作诗《寿李映碧先生》为他祝寿。在李映碧去世后,朱柏庐先生作《祭廷尉李映碧先生文》,表达自己的悲痛之情,赞扬了李映碧的道义、大节。

（2）先生与杨无咎的交往

杨无咎（1636—1724），字震百，一字震伯，号易亭。江苏吴县人，杨廷枢之子，幼年时很颖慧。他的父亲杨廷枢，复社人称杨维斗先生，被清军杀害于吴江芦墟泗洲寺。杨无咎痛恨自己未跟随父亲一起赴难，隐居杜门七十余年。他与徐枋、朱用纯关系密切，三人都因为父亲殉国而死，更加用名节互相砥砺，当时人称"吴中三高士"。杨无咎著有《谭经录》《三易卦位图说》及《小宛集》等。

杨无咎在朱柏庐先生去世后应先生弟子的请求先后撰写《朱柏庐先生传》《朱柏庐先生大学讲义、中庸讲义》的序言等。他在《朱柏庐先生传》中说，他在昆山的知己有两个人，一是归庄，一是朱柏庐先生。

（3）先生与葛芝的交往

葛芝（1618—？），原名云芝，字龙仙，一字瑞五，号卧龙山人，昆山人。他是太常葛锡璠之孙，葛蕭之子，太仓张采的女婿，张溥非常喜爱的学生。明崇祯五年（1632），他成为诸生，入清后隐居在光福镇邓尉山中，独居一室，摒弃家累，专心求道。他著有《卧龙山人集》十四卷，此书在清代被列为四库禁毁书。他平生好理学家言，尤好王阳明先生遗书。明朝灭亡后，他潜心求道，专心以姚江为宗，探求王阳明的"致良知"。当时，姚江史子虚、沈求如两先生是"致良知"的正传，葛瑞五渡江前往拜史子虚为老师。

朱柏庐先生与他是知交好友，两人时常往来。有时先生到葛瑞五的书斋谈论学问，有时葛瑞五向先生转述他与归庄之间的辩论。

在顺治十六年（1659）的时候，先生与葛瑞五见面，看到他思维缜密，知道是他终日静坐的功夫所致，先生感到自愧不如。此年，先生与顾荀若、葛瑞五、宾之等人一起拜访灵默上人。拜访回来之后，在一起吃饭聊天，很是快乐。

顺治十七年（1660），葛瑞五从邓尉山中派遣一艘船去邀请先生一同前往拜访徐昭法，然后两人一起到姚墅。他们一同游览了惊鱼涧、夹石泉、小赤壁。惊鱼涧有二十株高大的桂树，只是花期已过，但两人还是乐于在树下逡巡。夹石泉则因峻峭的石头插入水中，不能度险而只能远观。小赤壁也因为石头没入秋水之中，不能看尽它的胜处。两人又登上七十二峰、阁茶山及潭东山房。先生不仅感叹景色的天然造化，更感叹自己有葛瑞五这样的好朋友。

康熙四年（1665），先生与葛瑞五、徐昭法三人进行了一场激烈的理学辩论。康熙五年（1666），先生生病两个多月，葛瑞五前来探视，他认为先生是因忧思而得病，劝解先生说："天下的事情是水到渠成的，都是自然而然发生的，不要过于忧虑，熟读《中庸》第十四章可以解决。"

（4）先生与夏景初的交往

朱柏庐先生与夏景初的友谊贯穿两个人的一生，两人的相交善始善终。

夏元圭（1592—1680），字景初。他是明末诸生，入清之后隐居起来，精于《易》学，以孝义称于乡里。他性情耿直，是非分明，遇到别人发生矛盾的时候，总是热心调解，以扬善励俗作为自己的职责。

他和李映碧一样，也是一位品行高尚的遗民，是朱柏庐先生的同道。两人的交往颇多，在康熙十年（1671）的时候，夏景初的八十大寿到来了，先生特地赋诗一首祝贺他的寿辰："淳风委流波，去去何时复。赖有耆旧存，巍然立颓俗。家学擅当世，弓冶递相续。早岁经术精，亦曾摧五鹿。剑光欲射斗，虹气还韫椟。青箱老平生，素心媚幽独。幼安务慈爱，太丘尚雍穆。息机观自得，齐物保无欲。何求三岛青，不羡双瞳绿。但凭仁寿理，耄耋犹朝旭。况复得象贤，再世联芳躅。既謦龙虎文，岂向林泉伏。抚此乐事多,遥遥跻百福。斯晨进新醪,正值开黄鞠。却笑陶渊明,委心大化逐。犹羡草木姿,欲驻颓龄促。"

此后,在康熙十四年(1675)仲冬望日,夏景初把自己的像交给朱柏庐先生,请他帮自己题写像赞。先生欣然接过夏景初的画像,稍微沉思片刻,提笔为夏景初题写像赞,文章的标题是《夏景初先生像赞》。

夏景初去世之后,先生亲自前往他的丧所吊唁致祭,并写下祭文《祭夏景初先生文》。

(5)与金孝章的交往

金孝章(1602—1705),名俊明。初名衮,字九章,号耿庵,苏州吴县人。他父亲曾官宁夏卫,金孝章少从其父官宁夏,骑马打猎,任侠自豪,回到家乡后才开始读书。后来他被补为县学生,数次赴试,不被录取。在明清易代之后,他隐居不仕,其诗、书、画为吴中三绝。

顺治八年(1651)秋天,金孝章在昆山教授生徒,年五十岁,而当时朱柏庐先生二十五岁。先生与二三志同道合的同志在顾宗伯的东山别墅为金孝章祝寿。自从他离开昆山后,两人经常书信往来,除此之外,先生或者一年或者两年到苏州拜访他。在金孝章五十九岁时,先生到邓尉山拜访徐昭法,回来的路上,顺便看望了他。在金孝章的诗文集中,存在着先生与他的酬唱寄答。在金孝章六十大寿的时候,先生因不能前往祝寿,专门为他写了《金孝章先生六十寿序》,另外,还为金孝章先生的诗集作《金孝章先生诗序》等。

(6)与徐开任的交往

徐开任(1610—1694),字季重,号介石,又号愚谷。他由附监生考入县学,进而考中举人,三次进京考试都没有考中进士。为诸生时他就有文略,平生喜欢收藏图书,收藏了近万卷,都是自己亲自标识。明朝灭亡后,隐居太仓,闭门著书。他的著作有

《明名臣言行录》九十五卷、《六经通论》八十卷、《愚谷诗文集》八卷、《逸民传》六卷、《愚谷诗稿》等。

朱柏庐先生曾郑重介绍自己的好友徐开任拜访长洲徐枋,希望两人能在一起生活几天。先生与徐开任是金石之交,在徐开任七十岁的时候,先生为之祝寿,作有《徐季重先生七十寿序》。

众多弟子

总的来说,朱柏庐先生在三大方面做出了比较大的历史贡献。一是教学成绩,二是理学上的贡献,三是有着较为丰富的学术著作。在这儿主要讨论先生的教学成绩,其他两个方面在后面的两节有专门的论述。

在教学方面教出了不少贤能的学生,提高了昆山人口的素质。他的学生主要有:

王喆生(1648—1728),字醇叔,号素岩。他以青浦籍补为诸生,康熙十六年(1677)考中顺天乡试解元。康熙二十一年(1682)成为进士,被授官翰林院编修。当时,朱柏庐先生用理学倡导青年学生,王喆生跟从他学习,反复思考,精通"五经""四书"、《资治通鉴》,又和同学订立课程,互相砥砺,学问有很大进步,后被江苏巡抚汤斌所器重。所撰写的《懿言日录》,受到仪封的张伯行的称赞。他称赞说,这本书精深广大,可以和卫武公的《抑戒》相媲美。

王景献,字介亭,号鹤随。他是王喆生的长子。他把诗礼三传反复贯串,学问深邃。他在康熙四十七年(1708)中了举人,雍正元年(1723)考中进士,被授官广西怀远县知县,对于那里的老百姓有惠政。他管辖的县境之中,猺、獞与汉族杂处。在他到任之前,县中的衙役经常假借公家的名义苛索赋税,猺、獞因此而发动暴乱。他到任以后,在通衢大道悬挂榜文,痛斥这种弊政。又亲自来到猺、獞居住的地方宣谕抚慰，苗民非常高兴，撰写歌词，吹着芦节，手拉手踏歌来歌颂。他又代理融县的知县，县里有贩卖妇女的大案，案犯涉及柳城、罗城三县，几乎达到八九十人，他们请求绅士到处贷款来重重贿赂他，王景献怒斥了那个送贿赂的人，涉案首犯都被诛杀。他后以父老辞官回家养亲，便再也没有出仕为官。

朱立诚，字慎几，号慎关。父亲朱肃因为孝顺被旌表。他七岁的时候攻读《尚书》。后来，有人问他《尚书》中的事情，他对禹贡时候的水道了如指掌。他拜族父朱孝定为老师，以"慎独不欺"作为根本，不久，他被补为诸生。他和同学王素岩互相切磋、琢磨，讲求气静、理静之说，后拜谒平湖陆稼书先生，回来后写成《平湖问答》一书。他非常孝顺，在父母生病很严重的时候，他废寝忘食来照顾，恨不得以自身来代替。生母卞氏活到了上寿的年龄，那时他已经五十九岁了。在母亲去世的时候，他在炎热的暑天大声哀号，以致生病。因为孝顺，他受到朝廷的旌表。他是一个高寿的人，一直活到咸丰年间才去世。

支守默，字谔音，号太冲。少年时跟从朱柏庐先生学习，补为太仓诸生，后来成为廪生，最终成为岁贡生。他写的诗很工整，著有《啸古斋诗稿》，与余起霞、刘崿、张雨时、柴奕荪、孙大登、叶九渊、顾易被称为"玉峰八俊"。

吕廷章，字德焕，号孚三，邑诸生。他跟随朱柏庐先生学习，非常诚恳尊敬。他和同学王素岩、魏光士、朱慎几、刘御蕤等人从事讲学，体贴身心。朱柏庐先生死后，他为朱柏庐先生出版遗集，并和王素岩一起在马鞍山麓建筑祠堂，捐田致祭，毕生言行都遵从老师的训导。他还著有《迁改录》《严心书屋集》。

魏宗灏，字光士，后来又冒称李姓，当时多称他为李光士。他自幼跟随朱柏庐先生学习，服从老师的教训，言端行悫，为当时的士林所推重，著作有《迁改录》。根据《吕子孚三祭文》的记载，康熙二十五年（1686）朱柏庐先生有讲学的约请，当时奉约且常常亲自到场的只有他及王素岩、毛云翼、董观三等四五个人而已。先生去世后，他仍然和同学们一起聚集在严心斋，续举讲约。他为人诚恳敦笃，死时年仅五十二岁。

刘葳，字御蕤，苏州人。父亲刘公旦在明朝灭亡时为国殉节，当时他还在襁褓之中。母亲陈夫人前往收尸并购买棺材，把丈夫安葬后，到昆山的胜莲庵出家为尼。刘御蕤年幼时被通家好友王禹庆抚养长大，十岁的时候，曾因患病到太仓就医。沈世瞻知道他是忠孝人家的后裔，非常怜悯而为他治病。等到他的疾病治好后，还把他留下来，专门请了老师教他读书，他常去昆山看望母亲。不久，他考入太仓县学，又拜朱柏庐先生为师，刻苦力学。他的道德、品行、知识在诸生中名列第一。他经常追思他父亲的就义、母亲的勤劳，由于显亲扬名的志向没有达到而日夜啼哭。他未及五十岁就去世了，后人为他未获高龄而叹息。

毛飞，字云翼。年幼的时候父母双亡，他家中贫穷，凭借馆谷来自给。康熙二十五年（1686）考中秀才。过了壮年以后，他丧失配偶及儿子，借居在寺庙中读书，志气越来越强。他跟随先生学习，非常严谨，朱柏庐先生喜欢他有坚强的志向，曾经嘱托同学中有钱的出钱出物来帮助他。他未到五十岁就去世了。

董观三，自幼跟随先生学习，潜心研究理学，积极与同学切磋。等到朱柏庐先生有讲学的举动时，他与魏光士、吕廷章等同学每日侍候函丈，身体力行。他曾经向先生请求箴规，朱柏庐先生回答说，学习必须自己有心得而后才会对人有好处。他终身把这奉为做人的规矩。

钱金声，字玉振，号愚谷。他自幼能够写诗，在康熙四十四年（1705）圣祖南巡时，凭借诸生的功名献上诗赋而被录取为宋、金、元、明四诗馆纂修，后因母亲去世未去赴任。过了两年，康熙再次南巡，他献诗向皇帝致谢。恩诏所录取的人相继成为显要的官员，他因为父亲年老坚决要求给父亲养老送终。邑令赵光谟听说他很贤能，延请他来教育自己的儿子。

叶李晫，字朗吟，号篆鸿。明工部主事叶国华的曾孙，后被补为嘉定学庠生，由例贡授予泾县训导的官职，课士勤严，泾县的风俗因此大变。他著有《北游草》《朗吟集》。

葛蜀名，字太仆，号山民。起初他的名字叫慎中，年龄不大就补为青浦县诸生。祖父葛黼、父亲葛云薛。当时朱柏庐先生用理学倡导洞庭东山的民众，葛蜀名亲自到他那儿学习。同时，平湖的陆稼书先生也隐居讲学，他前往拜谒，彼此谈论非常投契，所著有《西爽楼诗集》。

葛诚中，字观澜，号省斋。他自幼跟从朱柏庐先生学习《周易》，潜心修炼。因精通《周易》的大义而被补为邑诸生。他喜好古代的文词，他的诗写得很好，诗宗温李。他时常与同乡余起霞，及堂兄葛声蜀互相唱和，著有《草庐诗集》。

叶振珽，字廷玉，号确斋。他是叶重华的孙子，叶方至的儿子，曾获贡生的功名。他是朱柏庐先生的门生，身体力行地秉承老师的教训。他曾经在大雪之夜侍候先生夜膳，先生吃酒吃到一半的时候，忽然叹气，他起来问先生为什么叹气，先生说，正好想起老朋友，老朋友非常贫穷，在这样寒冷的天气中没有衣服和食物。叶振珽回答说，这不足忧虑，暂且开怀畅饮到天明。第二天，叶振珽将十斛白米送给先生的朋友。先生能在快乐地饮酒的时候，忽然伤心想到老朋友的贫乏；叶振珽能够仰体先生的好意，赠送白米给素未相识的人。真是两个贤能的人啊！

叶宏绶，字韦书，号茧园。叶国华的曾孙。他是太学生，叶奕荃的孙子，邑庠生叶天机的儿子，中康熙三十年（1691）进士。他后来由县令擢升为吏部主事，升迁为员外郎，后再次升迁官至叙州知府。

周嗣发，字震平，号拙园。他是明朝南京刑部尚书周伦的六世孙，由吴县籍考中康熙四十四年（1705）顺天举人。少年时他拜朱柏庐先生为师潜心学习理学，为人慷慨，爱好施与，可惜屡次在礼部举行的考试中都没有考中。活到七十八岁，著有《拙园吟稿》。

盛炎，字玉臣，号不详。他的功名是诸生，跟从朱柏庐先生学习，先生勉励他不要变更文体。他著有《东莆草堂稿》。

顾世茂，初字寿音，后字相实，号栗园，明礼部尚书顾锡畴的曾孙，少年时代拜朱柏庐先生为老师，他潜心理学，后来到山东去游学，被补为莱州金川卫的诸生，不久，成为廪生，又回到故乡。后来他因书法秀丽苍劲，名冠一时，曾经写作《广惜字说》来警告世人，晚年时候更号为"墨痴"。

徐与华（1639—1707），字遐佐，号日岩，晚年号梅圃。他是休倩先生（徐开祎）的第五个儿子，十二岁的时候跟随朱柏庐先生学习，先后共有六年。等到他精通"四书五经"登上仕籍的时候，已五十岁。当时他的嗣子徐济之、徐身之兄弟两人举觞为寿，邀请朱柏庐先生，朱柏庐先生为他作《梅圃记》。其长兄名叫与乔，字扬贡，也拜朱柏庐先生为师，潜心学习理学。他在顺治十八年（1661）中进士，在将要得到官职时，因为奏销讹误而被罢免回家。后来，他被证明是清白无辜的，却不再出去做官，与朱柏庐先生互相砥砺，他的学生也很多。人们尊敬地称他为"退山先生"。

徐向揆（1667—1724），字乐原，号来李。他是徐与乔的第八个儿子，少年时被补为吴江县的诸生，幼年时候跟随朱柏庐先生游学，有奇特的才能，最终获得贡生的功名，用名节自我激励，诗文工整。他后来成为候选教谕。

徐济之，是徐日岩的儿子，在朱柏庐先生之门受业学习，讲授四子及制举学。

顾易，字中孚，号柳村，是顾恂的九世孙。他原是太仓学的廪生，改归到新阳县学。在他十六岁的时候，母亲归氏病情严重，十分危险，他向苍天呼吁，祈求自己来代替，又挖下臂肉来煮成肉糜，再加上中药来进奉给他的母亲，不久，他的母亲病情痊愈。等到长大以后，成为伯父的嗣子，他虽然很贫穷却大力奉养伯父，与王素岩、魏光士、毛云翼、董观三等人参与朱柏庐先生的讲学之约。曾经画《得仁》《操存》二幅图，得到先儒未发之意旨，钦慕陶靖节的为人，因此号"柳村"。所著《律陶读陶谱陶》被长洲沈德潜所称赞，死时五十九岁。

顾洪善，字达夫，号柏亭。父顾缵是诸生，昆山起义后殉国。

母亲朱夫人,用刀刺自己却没有死,藏匿在婆婆处才免于一死。顾洪善考中康熙十五年(1676)进士,被授予内阁中书的官职。他性格通达敏捷,曾任职国书翻译大吏,拟列名荐,因为疾病而死。

徐陶璋(1674—1738),字达夫,又字端侯,号蘅圃。他考中康熙五十四年(1715)进士第一人,被授予翰林院修撰的官职。后来他请假南归,长时间居住在苏州下属的长洲。乾隆元年(1736),他补为原职,纂修实录,死在任上。徐陶璋曾和王素岩一同在翰林院做官,与王素岩非常友善。朱柏庐先生曾在洞庭山开设学馆,而徐俟斋先生居住的地方又与苏州郡城接近。在徐陶璋与王素严的书信中,有想要前往受业的话语,表示因非常钦慕而把朱柏庐作为老师。

朱导诚(1650—?),字诚之,朱用鍠的儿子。在他六岁的时候,父母双亡,后朱柏庐先生将他当作自己的儿子一样精心抚育,并教他读书学习,他在康熙二十年(1681)成为诸生。后来,先生因自己没有儿子,就把他立为嗣子,来继承家学。朱导诚的文章写得很好,兼攻书法。

潘道根,字确潜,号晚香。他是朱柏庐先生的私塾弟子,潜心明理,尽性笃实毋欺之学,研求"四书五经",经义旁参互证。他善于写诗,所写的古文辞非常工整。他曾经恢复前明陆孝子暨配钟氏孝烈的坟墓,又与张潜之一起搜辑本县人的诗编为《昆山国朝诗存》三十二卷。他生性恬淡,曾被任本县县令的山西人王省山荐举为孝廉方正,他坚决推辞,拒不接受,后来隐居在乡村之中,凭借自己精良的医术糊口。他在七十一岁时离开人世,本郡人呈请崇祀乡贤,但由于当时的清政府忙于太平天国农民战争而没有结果。战争结束后,在同治九年(1870),本郡把他附祀在孝定先生的祠堂中。

除了以上主要的弟子之外,先生的学生还有顾恪如、柴艺循、顾德芳、唐履吉、潘咸正、周孚尹、徐星来、张闿成、胡振安、陆省公、席永渤、王友竹、徐韩若、周载圣、周方宣、王文尧等。

在朱柏庐先生以及他的弟子的影响下,昆山的教育水平提高了,这在很大程度上提高了当地的人口素质。

著述等身

朱柏庐先生一生主要从事教育事业，教出了很多的学生。同时，他还积极著述，先生的文章从总体特点上说属于儒者之文，以理学盛。具体来说，通过对朱柏庐先生著作的研究，我们可以看出：一、朱柏庐先生的文章，虽然是以使用理学来教化人为宗旨，却不同于产生于康乾盛世时期的高举礼教之旗的桐城派，而是以针砭时弊、抵抗萎靡世风为出发点，既有深厚的遗民情结，又有深邃的理学精神，体现了朱柏庐先生特立独行的志士情怀和深刻审视现实世界的批判精神；二、通过研究朱柏庐先生的所有作品，我们发现，虽然有时会有一些落伍的迂腐观点，但他的总体思想却是堂堂正正、光明磊落的，既是对中华民族传统精华的继承，也有益于当今人们的道德修养和整个社会的道德风气和职业道德；三、朱柏庐先生对士风、学风的褒贬，至今仍有借鉴作用。

他的著作有《愧讷集》十二卷、《柏庐外集》四卷、《毋欺录》二卷、《未刻文稿》四卷或二卷、《春秋五传酌解》、《四书讲义》、《困衡录》、《朱柏庐先生治家格言》（《朱子家训》）、《删补蔡虚斋易经蒙引》十二卷、《辍讲语》、《多败集》等，另外，还有少量诗歌。

《愧讷集》十二卷，因为朱柏庐先生不能讷言而感到惭愧，所以取名《愧讷集》。该书最早由先生的弟子吕廷章整理收集。

他在康熙六十一年（1722）的夏天把先生的这本著作刻印出来，这版就是所说的严心斋刻本，由于年代久远，书版散失，书也不多见。后来，钱俊甫先生从白门书肆获得了一本，亲自校对后，把该书重新出版。目前该书存有多种版本，当前收藏在上海图书馆的是清光绪八年（1882）的津河广仁堂刻本和民国十八年（1929）的昆山保管祠产委员会木活字印本；昆山市档案馆收藏了民国十八年的昆山保管祠产委员会木活字印本。该书内容的排列顺序是，卷一、卷二是先生与亲朋好友、学生的来往书信，卷三、卷四、卷五是先生为他人书籍所作序言，卷六是记，卷七是像赞和字说，卷八是祭文，卷九是墓志和传，卷十、卷十一、卷十二是杂著。他的文章类型从数量上看，书信和序文最多，两者相加，约有九卷，占《愧讷集》内容的多半。从这本文集可以看出：先生文章的总体风格非常朴素，没有太多华丽的辞藻、感情真挚等。从细节上看，在说明道理的时候，以平等服人，在表达感情的时候，以细腻感人；从文章结构上看，无论何种文体，都是精心构思。他的文章看上去没有技巧，其实往往在娓娓而谈中出现奇特的情形，在平铺直叙中出现抑扬顿挫；从文章的语言上看，简练、用词贴切为其特点。在朱柏庐先生的寿序文中也有两大特点：一是祝福的对象多是乡里隐士或乡里善人，绝少是当朝新贵；二是紧扣对象身份表达自己对历史和现实的认识，而不乱发泛美虚誉之论。例如，他所作文序中，最著名的是《顾亭林先生集序》，扼要而全面地评价了这位去世不久的乡贤的崇高学术地位，堪称对顾氏最早的盖棺定论。

《毋欺录》二卷，此书也叫《无欺录》，是朱柏庐先生三十二岁时开始撰写的。朱柏庐先生去世后，他的弟子吕廷章整理收集了他的文章，编辑成书。迄今为止，也未见到吕廷章刻印的这本书。目前存有多种版本，收藏在上海图书馆的是清道光二十二年（1842）刻本、清同治八年（1869）潘道根编辑的石印本、清同治十三年（1874）的虞山顾氏刻本、清光绪二十六年（1900）玉山书院刻本、民国年间上海鸿章书局出版的铜活字版本。昆山市档案馆收藏了光绪二十六年（1900）玉山书院刻本。这本书分为上、下两卷，全书共约六万字，按年代顺序记录了朱柏庐先生对理学道统、世俗人心、伦理教化、时弊民瘼的认识和关怀，这本书先生直写到去世之前才停笔。对于这本书，本县后学潘道根说："读了这本书，感觉先生平日进德修业、省身克己、处事接物的要点，都在里面了。"先生的遗民朋友杨无咎说："朱柏庐先生的这本书是秉承圣贤的资敦明善诚身的学问。"清同治十三年（1874）的虞山顾氏刻本的内容则比较简略不够详细，仅有一卷。

《柏庐外集》四卷，目前所存版本有两个。一个是清光绪八年（1882）无锡后学薛景清编校的津河广仁堂刻本，另一个是民国二十四年（1935）昆山图书馆王颂文馆长刻印的铜活字本。《柏庐外集》四卷最初是由无锡后学薛景清编校，但他编校的这本书流传并不广泛。昆山图书馆王颂文馆长募集资金把薛景清编校的这本书出版发行。该书内容的排列顺序是卷一、卷二是书信，卷三是序、寿序和记，卷四是祭文和墓志铭。王颂文馆长所刻《柏庐外集》四卷有不少文章是《愧讷集》十二卷所没有收录的，主要起到收集和保存朱柏庐先生文献的作用。

《朱柏庐先生治家格言》，也叫《朱子家训》，篇幅不多，只有五百多字，可是在当时家家户户都会背诵，以前的人误认为是朱熹所作。幸好在当时的朱柏庐先生祠堂中见到了廖养泉撰写的对联，内容是，"讲学法程朱，欲讷毋欺，义理直同性命；治家承节孝，时心衡虑，格言悉准人情"。从而说明这则家训确实是先生的著作。而且在金吴澜任昆山县令的时候，经过他四年的考察，昆山的习惯与风俗确实是从清初沿袭而来。《治家格言》的内容有很多是挽回世道人心的话语，很是符合人情。《朱柏庐先生治家格言》的语言特点是文字通俗易懂，简明扼要。在内容上则扼要而完备，涉及勤劳简朴、正直朴实、和睦安顺、读书明理四个方面。

《辍讲语》也叫《辍讲文》，据有关资料考证，这篇不是太长的文章，写在康熙二十五年（1686）中秋，朱柏庐先生因患脾疾

第五章　万世敬仰的人品与学术

而辍讲。在辍讲的时候，他自认为道德浅薄，感叹人不能力行道德，所以写了《辍讲语》。文章的内容大略是，《中庸》成己成物，罔弗由诚。诚非虚怀其愿而已，必于圣贤学问躬行实践，不欠一分，乃为善也。又曰："日用常行，虽曰道不外是，然古之所云，罔非伦常矩矱。而今也心之所见，无非卑鄙；事之所为，无非苟且，种种恶习，宁复有出头之日乎？学者须勘破病根，跳出坑坎，以圣贤之心为心，以圣贤之事为事。日用常行，一一正其本位。从其上而讨求精彩，于以进道不难。诸君能努力向前，将世道、人伦、士品、学术一肩任去，用纯亦敬拜下风，何必予之言是听哉。"他还曾用精楷手写数十本教材用于教学。

《多败集》中收集了先生与亲戚朋友互相赠答的文章。因借鉴人们多言多败，所以为之取名《多败集》。

《未刻文稿》三卷，目前有潘道根的抄本，附在朱柏庐先生《愧讷集》十二卷的后面，目前收藏在苏州图书馆古籍部。经过对此《未刻文稿》的查阅发现，其中绝大多数的文章已经刻进《柏庐外集》四卷之中。

《删补蔡虚斋〈易经蒙引〉》十二卷，迄今未见其稿。先生花费精力最多的就是这本书，先后两易其稿，阐明易理特别精深。据先生的学生叶均禧说，他曾经看过这本书，用了两个月，稍窥旨蕴，后来就不能忘记这本书了。可见，这是一本好书。

《四书讲义》主要阐发先儒所未能阐发的道理。四书即《论语》《孟子》《中庸》《大学》四部著作的总称。先生所著《四书讲义》暂时没有见到，但在上海图书馆却找到了朱用纯所著的《朱柏庐先生大学讲义、中庸讲义》，目前所见到的有两个版本，一是清乾隆年间的刻本，另一个是清光绪二年（1876）的江苏书局刻本。先生道德崇高、学业日光，跟随他学习的学生越来越多，于是他就写了《学庸讲义》，后来由先生的门徒刻印成书。先生的弟子吕德焕、葛声蜀、王鹤随、顾相实等请杨无咎为此书作序，杨无咎怀着对朱柏庐先生的思念之情写下了序言。据他说，这本书是朱柏庐先生亲自实行，进而宣讲，最后用笔写就文章而成。书中对于修身养性、昌明道德等道理讲得非常精详,先儒的说法中凡是有可以商榷的地方也都斟酌尽善。

在诗歌方面,朱柏庐先生并没有专门的诗集,但是我们可以在一些清初总集和一些地方文献中搜集到。在先生父亲死难后,先生不仅在生活上十分艰难,而且心中十分愤懑,于是就时常借诗词创作抒发,有时甚至一日就写下一首诗。总的来说,朱柏庐先生的诗歌比文章逊色,流传也较少,但是,他的诗歌直抒胸臆、感情真挚、语言朴素、有感而发,正如其人,非常值得一读。他的诗歌散在《遗民诗》《百城烟水》《国朝昆山诗存》等著作中。

第五章 万世敬仰的人品与学术

《朱子家训》

律己修身 垂训后世

朱柏庐先生留给世人的《朱子家训》，又叫《朱柏庐治家格言》。

（一）家训的内容

《朱子家训》虽然全文仅仅524字（另一种说法是516字），但是内涵丰富，涵盖了为人处世、修身、齐家、治国等方面的内容。另外，《朱子家训》也有多个方面适应现代社会。

一是爱国。没有国，哪有家。爱国是社会主义核心价值观之一。对于一个人来说，爱国是最重要的品德。历史上有很多爱国的仁人志士留下千古美名。《朱子家训》说："为官心存君国，岂计身家。"这句话号召人们不要斤斤计较自身的利益，而是要为国家献身。这句话表达了强烈的爱国主义感情，值得我们学习和坚持。

二是和谐。和谐是社会主义核心价值观之一，我国目前提出要建设和谐社会的目标。《朱子家训》提出"见贫苦亲邻，须加温恤""重资财，薄父母，不成人子"等。通过恤贫助困、孝顺父母等来构建和谐社会，这是朱柏庐先生构建和谐人际关系的思想。

三是勤劳。勤劳是中华民族的传统美德。对于一个人来说，无论是修身、齐家还是治国，勤劳最重要。"克勤于邦"，因此，朱柏庐继承先人的思想并有所发挥。他总结出:"黎明即起,洒扫庭除,要内外整洁;既昏便息,关锁门户,必亲自检点。"这句话可以引申出为了家事要勤劳、为了国事要勤政的思想内涵。

四是读书。朱柏庐先生对于读书提出了自己特有的看法。他说:"子孙虽愚,经书不可不读。"从中,我们可以发现朱柏庐先生非常重视教育,事实上教育确实可以启迪人的智慧。然而,朱柏庐先生却将读书和做人紧密相连,他说:"读书志在圣贤,非徒科第。"也就是说,无论贵贱贫富,都要以"圣贤"为楷模,做一个堂堂正正的人。

(二)家训的特点

一是韵律性。朱柏庐先生在写作这些格言的时候,采用了对仗和押韵合辙的方式,读起来朗朗上口,十分便于人们记忆和背诵。另外,所用的语言生动形象,通俗易懂,言简意赅,具有很强的感染力。通篇文字,不时使用对比的手法,让人们明白什么是真善美,什么是假恶丑;哪些事情可以做,哪些事情不可以做。

二是实践性。他所提出的道德理论来源于生活经验,每项要求都有可操作性,指导人们如何做人、如何生活,特别容易实践于生活之中。《朱子家训》的实践性,最突出地表现在日常生活方面。例如:"黎明即起,洒扫庭除",这句话是普通人也能做得到的。又如:"一粥一饭,当思来处不易;半丝半缕,恒念物力维艰",这句话普通人也能做到。其他的例子还很多,恕不一一列举。因此,清朝人陈弘谋在《养正遗规》中说:"其事迹,贵贱尽可遵行。"

三是超越性。《朱子家训》自问世以来,不胫而走。在清朝、民国,乃至当代,都为人们所广泛学习和运用。在清朝时,不少人家请书法家抄录《朱子家训》,悬挂在厅堂之上。乌程戴翊清编写了《朱柏庐治家格言绎义》,影响很大。民国时,江宁朱煜重印《朱子家训》,供学生诵读。改革开放以后,传统文化又被唤醒。

《朱子家训》成为大学生素质教育的有力武器。可以说只要有家庭存在,就要治家。《朱子家训》可以超越时代而应用。

由于以上的内容和特点,以及从对于家族的影响方面来说,朱柏庐先生的嗣子朱导诚考中了秀才,朱氏一族以后也代有人出。在清朝和民国,乃至当代,朱柏庐先生所作《朱子家训》都是中国影响最大的家训。

另外,《朱子家训》风靡中国,成为清朝和民国时期官宦士绅、书香世家的治家良策。尤其是江南的许多家族奉《朱子家训》为治家宝典,是江南地区产生许多文化型家族的因素之一。从现实意义上来说,《朱子家训》之中许多内容继承了中国传统文化的优秀方面,比如提倡爱国清廉、积极纳税、勤劳俭省、邻里和睦、正直朴实、读书明理、家庭幸福等,在今天仍然有现实意义。从学术方面的影响来说,先是戴翊清编写了《朱柏庐治家格言绎义》,影响很大。当代,据中国知网统计,从各个方面对《朱子家训》进行研究的学术论文有六十余篇,其中著名的有《〈朱子家训〉中的和谐之道》《〈治家格言〉误传〈朱子家训〉始末》等。

附录

朱子家训

黎明即起,洒扫庭除,要内外整洁;既昏便息,关锁门户,必亲自检点。

一粥一饭,当思来处不易;半丝半缕,恒念物力维艰。

宜未雨而绸缪,毋临渴而掘井。

自奉必须俭约,宴客切勿流连。

器具质而洁,瓦缶胜金玉;饮食约而精,园蔬逾珍羞。

勿营华屋,勿谋良田。

三姑六婆,实淫盗之媒;婢美妾娇,非闺房之福。

奴仆勿用俊美,妻妾切忌艳妆。

祖宗虽远,祭祀不可不诚;子孙虽愚,经书不可不读。

居身务期质朴，教子要有义方。
勿贪意外之财，勿饮过量之酒。
与肩挑贸易，毋占便宜；见贫苦亲邻，须加温恤。
刻薄成家，理无久享；伦常乖舛，立见消亡。
兄弟叔侄，须分多润寡；长幼内外，宜法肃辞严。
听妇言，乖骨肉，岂是丈夫；重资财，薄父母，不成人子。
嫁女择佳婿，毋索重聘；娶媳求淑女，勿计厚奁。
见富贵而生谄容者，最可耻；遇贫穷而作骄态者，贱莫甚。
居家戒争讼，讼则终凶。处世戒多言，言多必失。
毋恃势力而凌逼孤寡；毋贪口腹而恣杀牲禽。
乖僻自是，悔误必多；颓惰自甘，家道难成。
狎昵恶少，久必受其累；屈志老成，急则可相依。
轻听发言，安知非人之谮诉，当忍耐三思；因事相争，焉知非我之不是，须平心再想。
施惠勿念，受恩莫忘。
凡事当留馀地，得意不宜再往。
人有喜庆，不可生妒忌心；人有祸患，不可生喜幸心。
善欲人见，不是真善；恶恐人知，便是大恶。
见色而起淫心，报在妻女；匿怨而用暗箭，祸延子孙。
家门和顺，虽饔飧不济，亦有馀欢；国课早完，即囊橐无馀，自得至乐。
读书志在圣贤，非徒科第；为官心存君国，岂计身家。
守分安命，顺时听天。为人若此，庶乎近焉。

理学思想

理学是中国北宋以来形成的一个哲学体系,又称"道学"。它是在中国新儒学的基础上形成的,主要有两个不同的学派。北宋时期的程颐创立了自己的学派。到了南宋时期,经过朱熹的进一步发展,完善了这个学派,使之成为更为完备的体系。朱熹认为理是世界的本质,"理在先,气在后";在认识论上,他提出"格物致知";另外,他还提出要"存天理,灭人欲"。后人把以程颐和朱熹为首创立的理学体系称为"程朱学派"或"理学"。由于"程朱理学"适应了统治阶级巩固政权的需要,逐渐成为南宋以后的官学,始终是中国最有影响的哲学学派。朱熹编纂的《四书章句集注》成为当时考试指定的教材,是读书人必学的教科书。同时,北宋的程颢则创立了另一学派,由陆九渊和王阳明完成,史称"陆王学派"或"心学"。王阳明则继承宋代陆九渊强调"心即是理",即最高的道理不需外求,而从自己心里即可得到。他提出"心外无物""心外无理"和"知行合一"的认识论,这是理学的另一个主要流派。

在明清时期的昆山,有两个著名的理学家,一个是魏校,一个是朱柏庐先生。魏校(1483—1543),字子才,号庄渠,昆山人。他的祖上本姓李。魏校于弘治十七年(1504)考得经魁,弘治十八年(1505)考取进士,被授予南京刑部郎中的官职。当时,南京的守备太监刘琅借助刘瑾的势力徇私枉法,有时把自己判好的案子直接送到法司，没有人敢违抗他，然而魏校执法公正，敢于推翻刘瑾制造的冤假错案。后来魏校的官职被吏部改为兵部郎中，他因病回籍。嘉靖初年的时候，他被起用为广东提学副使，后被补为江西兵备副使。此后，又升迁为国子监祭酒和太常少卿。他曾在星溪讲学，跟随他学习的学生常常有百人。魏校敬仰胡居仁"主敬"的学问，虽然没有得到他本人的亲自传授，但却把他当作自己的老师。魏校对诸儒的学说进行精心研究，曾经和余祐谈论性理，被学者称为理学家。魏校死后被明朝廷授予谥号"恭简"，埋葬在高墟。魏校的理学主要是继承了胡居仁的理学思想。

下面主要来讨论朱柏庐先生的理学思想产生的背景、内容和特点：

一、产生背景

朱柏庐先生的理学思想产生于清朝初年，有着独特的时代背景：

第一，当时盛行"程朱理学"，"程朱理学"适应了统治阶级巩固统治的需要，成为当时的官学。同时，还存在"陆王心学"、陈献章的静坐和黄宗羲的哲学思想等不同的理学派别。

第二，当时的社会是一个世风日下、物欲横流的社会。据朱柏庐先生说："现在整个社会上的人，津津乐道的事情只有功利，所崇尚的只有富贵。对于人为什么成为人和三纲五常的道理，再也不提起。然而，追求暴富，暴富却不来到；致力成为权贵，却不得成为权贵。"(《毋欺录》)他还说："今人皆以浮薄为聪明，故此病中之最深，最难克治。"(《毋欺录》)

二、内容

第一，针对当时的社会风气和学习风气，朱柏庐先生主张使用"程朱理学"来纠正，反对"陆王心学"、陈献章的静坐和黄宗羲的宗良知等学派的观点。程朱理学通过系统研究中国的优秀传统文化，发展了中国的哲学，具有积极的一面。先生为之折服，一生恪守程朱理学，成为它的忠实信徒。清朝初年，讲学的名家有北京的孙夏峰、关中的李二曲、浙东的黄南雷，号称"三大儒"，然而他们的讲学都不免要参照"陆王心学"。纯粹讲授程朱理学的只有桐乡张杨园、平湖陆稼书、太仓陆桴亭三位先生，先生与他们志同道合。先生坚持反对"陆王心学"、陈献章的静坐和黄宗羲的宗良知等学派的观点。在康熙二十四年（1685）的《毋欺录》中，先生批判了王阳明的"正心为本"，他说："若说正心为本，便要留入异端去，而况阳明单提致知，其能无病。"对于深受王阳明心学影响的黄宗羲，先生则批判说："藜洲为刘念台先生门人，盖宗阳明良知之学，更偏而隘焉者也。以虚灵知觉为性，而以仁义礼智为不谓性，但可谓德，其所见大概可知至恐己之说近于告子。"（《毋欺录》）对于陈献章的静坐，先生则说："颜子之智，曾子之鲁，圣人只教以博约，教以忠恕，何尝有静坐法门？"（《毋欺录》）

第二，把理学深入浅出地转变为通俗易懂的格言或劝言等来成为人们日常生活的具体规范。程朱理学是深邃的哲学，即使是当时的士人也要花费很大的精力才能搞懂，对于普通人来说，高深的理学很难理解。朱柏庐先生则从事这项使理学通俗化的工作。首先，先生把深邃的理学转变成规范人们日常行为的《治家格言》。陈宏谋在《养正遗规》中说："其言质，愚智胥能通晓；其事迩，贵贱尽可遵行。"满族高官德保在《翻译治家格言》中则说："物理人情之所鉴，昏衢黑夜之清灯。"由此看来，先生的这篇《治家格言》所起到的作用显而易见了。此外，先生还写下了四则《劝言》，在《劝言》前面的小序中，先生说："六经四书中千头万绪，总只是人所当然。但圣贤立训大而经天纬地，小而称名辨物，粗而举足动容，精而达天知命，无一不该。今且姑浅言之，做一乡党自好之士，其道亦不可不讲求，约略有四，人皆易能。若更充而大之，以四者为进德之基，则其所究竟吾安可量，若并此不逮则将为下流之归，益可惧矣。"也就是说，先生的目的是培养

"做一乡党自好之士"的普通知识分子。从内容上看，《劝言四则》把《治家格言》中的思想作了进一步论证；从语言上看，写得通俗易懂，普通人易于接受。

三、特点

朱柏庐先生的理学思想虽然恪守程朱理学，却富有实践性的特点。主要体现在三个方面：

第一，把理学研究与国家兴亡、社会现实密切相连。在明朝灭亡后，先生通过深入研究，逐渐认识到明朝灭亡的原因。他把明朝的灭亡、世道的沦丧归因于整个社会不知敦礼尚义，倾心爵位荣宠。先生在顺治十六年（1659）的《毋欺录》中说："使后世人主知，有尽贵斯民之道在乎敦礼尚义，而举世之人亦争以此为贵。不倾心夫爵位荣宠，则宇内何至有陆沈之祸哉？"对于社会上的种种丑恶现象，先生也极力批判。例如，对于当时无耻的士人，先生则极力鞭挞，说："今世士习放辟，庸鄙已甚，而恬不为念，有心匡救者，须亟提倡'耻'字。"（《毋欺录》）又如对于傲慢无比的士人，先生则批判说："今人于众人中作一秀才，便没安顿此秀才处；进而中举人、中进士，益没安顿此举人、进士处；他如有了些少家私，有了些少才学，都没安顿此才学、家私所在。所以动作语言威仪之际，种种谬妄，种种罪戾。岂知天地间人物无穷无尽，吾亦无穷无尽中之一人一物，造化合下有一安放自己处，吾只还他安放便了。"（《毋欺录》）

第二，先生强调理论联系实际，在日常生活中切实按照圣贤的书旨去做。在《病中与诸生书》中，先生主张从日用常行做起，他说："夫学莫先于立志，愚向谓诸子学问只在日用行事间者，道在迩而不在远也。然为学之日用行事，事事即所以养性存心；不学之日用行事，事事即是放心逸志，二者气象悬殊。"又如先生在《与王醇叔第二札》的信中写道："仆意只将圣贤书义时一提举，而所重在乎平日躬行实践，盖以圣贤书义范我躬行实践，而以躬行实践证昔圣贤书义，正所谓知行交进之功也。"

第三,先生以自身行动率先提倡和实践理学思想。在当时志节日衰、理学日伪的时候,先生坚持不事新朝,坚持自己的节操。乡人叶方恒推荐先生参加博学鸿词科,先生在《答叶莱芜》的信中明确拒绝:"某于制举业已冥茫,同隔世事,而年来不自揣度僦廛授徒者,意欲借先圣贤遗书与一二亲朋子弟讨论孝悌忠信之理,以正所趋。然以言教不能以身教,惭愧,惭愧。"在這里先生还强调自己要为学生树立榜样,否则会很惭愧。又如,在《辞及门诸子》中,先生说:"身教者诚,言教者伪。"在这段话中,先生进一步指出要以自身行动来实践,实实做得圣贤学问,不偷一分;实实尽得圣贤道理,不欠一分。

综上所述,我们看到朱柏庐先生精心研究理学思想,但他却在理学的通俗化和实践上做出了不平凡的贡献。

育人思想

朱柏庐先生一生从事教育事业，是昆山地方上的知名教育家，在长期的教学过程中形成了独特的平民教育思想。平生，以普通人作为教育对象。从现存的文献中可以把他的教育思想归纳如下：

一、教学内容

先生作为一名有远见的老师，看到当时的不少读书人都以考诸生、考举人、考进士作为自己的学习目的，他十分忧虑。为了培养对国家和社会有用的人才，先生首先把讲论儒学道义作为教学内容。凡是前来向先生学习的学生，他必定首先教授朱熹的《小学》《近思录》作为入门的学习基础。

其次，先生还把经史作为应试内容之外的学问进行讲授。从康熙二十五年（1686）开始，朱柏庐先生有讲学的约请，经常到场的有魏光士、王素严、毛云翼、董观三等四五个人。先生别立讲约，主要是阐发经史。此后，这种讲约一直持续到先生去世前夕。

最后，先生极力把中国传统的儒家道德作为自己的教学内容。例如，他在《朱子家训》中，劝导人们实行他所倡导的勤劳俭约、正直朴实、和睦安顺、读书明理等。又如，在《劝言四则》中把《朱子家训》中的思想作了进一步论证。他首先劝告人们要"敦孝悌"，所谓孝是指子女对父母尊敬和尽心服侍，以报答养育之恩；悌是指弟弟对兄长顺从与尊重，体现了手足之情和长幼的顺序。先生认为孝亲悌长是天性中事，不存在有知者有不知者，有能者有不能者的问题，关键在于一个人是否愿意去做。先生反对重钱财、求功名而轻孝悌的世风，以古代圣贤为例劝诫人们遵奉孝悌之道，回归人的本性，可以达到修德行善、乡亲称道、载入书籍、上天保佑的地步。还劝告人们要"尚勤俭"，勤俭是维持生活的重要手段，否则会导致家庭财产的匮乏，进而做出种种不法行为，其最终结果是道德沦丧，声名扫地，为家中其他人树立不良表率。在勤方面要做到三点：一要心勤，深思远虑，未雨绸缪；二要身勤，早起晚睡，珍惜时间；三要吃苦耐劳，遇事要考虑周密，不怕麻烦，身体力行，一日事一日毕。在俭的方面也要做到三点：一是要平心忍气，尽量不要诉讼，造成不必要的财产和人身损失；二是要量力行事，婚丧嫁娶、建造房屋等事切忌好高求胜；三是要节衣缩食，不必追求华丽的绸缎、珍馐美食，粗布蔬食是养生之道。更劝告人们读书一要重目的，二要重方法，三要重内容。所谓读书目的就是读书不单为中举人、中进士，更重要的是做对社会有用的好人，直至于大圣大贤。所谓读书的方法就是读书不但要背诵其中的章句，更要探求其中的义理，即文章所蕴含的道理。读书还应力戒浮泛，每读书中一句话，都要对照自己，想想自己能否做到；每做一件事，都要使之合于书中的教诲。也就是对于书本知识要亲身体会，尽力实践，把读书和做人两者结合起来。所谓读书内容，先要读《性理大全》《通鉴纲目》《大学衍义》和六经等书，接着才是《孝经》《小学》《大学》《中庸》《论语》《孟子》等，不要读小说、杂剧等。在目前看来，先生的读书目的，即读书是为了学做好人，是应该肯定的。从先生的读书方法上说，也是应该学习的。但是，从读书内容上看，让现在的人去学习《性理大全》《通鉴纲目》《大学衍义》和六经等书，则有失偏颇。此外，先生劝人们要积德，认为人在不富不贵时能力行善事更难能可贵，功德更多。积德不必等待时机，随时都可以进行。只要把生活中的小善事例如解人困厄、急人所难、隐人之过、成人之美等日积月累，便是积德。一个人只要存有恻隐之心，就可以行大善事、积大阴德，从身边之事做起，日积月累就可以成为一个好人。在积德的顺序上，要先对亲戚做善事，次及朋友，最后是各种善事。

二、教学原则

先生在教学过程中十分注重把握基本原则，为学生的全面发展奠定了坚实的基础。在先生的教学原则中，首先注重学生品德的教育，并积极提倡学生把学到的知识和实践结合起来，强调学生要按照圣贤的理论做出实际的行动。

（一）把儒家的道德放在教育的首位

先生十分重视培养学生的品德，甚至专门组织讲约，宣讲圣贤的道德。他还曾专门写下一篇令人赞叹的文章。在《试后示诸生》中，先生写道："诸生近者往就科试，孰不怀一优等之念？只为有了此念，便不免为得失所累，得者未必扬扬自喜，失者不无怏怏觖望。孰知乖合亨屯，总无关系。无论此区区名第，总到鼎甲台司，是自己安身立命处否？若论考试，他何可恃？所恃者文艺。然文艺与时数参半，则文艺并不足恃。若讲到安身立命，则又文艺、时数总无可恃，所恃者植品制行而已。诚能植品制行，便到处有事业成就，鼎甲台司不足为我重，而我为鼎甲台司重；布衣韦带不足为我轻，而我转为布衣韦带重。苟不能植品制行，便到处无一可观，鼎甲台司不足为我累，而我为鼎甲台司累；布衣韦带不足为我辱，而我乃为布衣韦带辱。"这段话的意思是，众位弟子最近参加科试，谁不抱有考得优等的念头？只是因为有了这个念头，就免不了被得失所拖累，得到优等的未必不扬扬自喜，失去优等的不会不怏怏失望。人生不如意、顺心、通达和困厄总是没有关系。先不说这小小的名第，就算是进士前三名和高官显贵，那就是自己安身立命的地方吗？对于考试来说，他有什么可以依靠的呢？所依靠的是八股文的写作水平。然而八股文的写作水平和机遇各占一半，那么不能完全依靠八股文的写作水平。讲到安身立命，八股文的写作水平和机遇不可以作为依靠，所依靠的只能是植品制行。真正做到植品制行，便可以无事不成，鼎甲台司不足以被我看重，而我却被鼎甲台司看重；平民百姓不足以被我看轻，而我被平民百姓看重。如果不能植品制行，便会一事无成。鼎甲台司不会成为我的累赘，而我却被鼎甲台司看作累赘；平民百姓不会给我带来耻辱，而我却给平民百姓带来耻辱。这段话中，先生充分论证了"植品制行"的重要性，提醒学生要看轻科名，树立高尚的品德。同样在这篇文章中，先生指出："失去学识品行而得到功名身份，已经不可以做人了；失去功名身份和学识品行，将来又怎么自立呢？"最后，先生劝告众位弟子说："中的本领要做，不中的本领更要做；做得不中的本领，才做得中的事业。"上述话语反映了先生十分重视培养学生的品德，具有做人重于科名的超前认识，很是难能可贵。这种思想对实行素质教育的当今社会仍有很大的意义。

（二）提倡知行并进，躬行实践，提出行重于说的做法

在先生教育学生时，他还提倡知行并进，躬行实践。先生在《与王醇叔第二札》的信中写道："仆意只将圣贤书义时一提举，而所重在乎平日躬行实践，盖以圣贤书义范我躬行实践，而以躬行实践证昔圣贤书义，正所谓知行交进之功也。"先生要表达的意思是，只是将圣贤书中的义理不时提出，讲解一番，更为看重的是平时的躬行实践，因为圣贤书中的义理是我们躬行实践的规范，进而用躬行实践证明圣贤书中的义理，正是所说的知行并进的功用。在这儿先生劝导王醇叔要躬行实践圣贤书中的义理，进而知行并进。当时的人对于先生的这种教育原则也有同样的评论，苏州彭定求在其撰写的《朱柏庐先生墓志铭》中说："学必以程朱为宗，知行并进，无捷得，无虚袭，务在身践，于伦常事物间，纤悉必求尽善。"这说明先生当时不仅自己知行并进，务在身践，还向众多弟子提倡。在提倡的过程中，先生甚至激进地指出："说得百句，不如行得一句。苟吾弟行得一句，仆自能信得百句，有不待片言只字之相示也。"（《与潘生咸正》）

三、教学方法

在教学方法中，先生首先重视动之以情，晓之以理。在和学生的相处中，用真诚的感情去感动学生，是先生最基本的教学方法。对于学生顾省公，先生在看到他和七襄下围棋的时候，尽管心中认为不对，但是并没有当场批评，非常注意保全学生的面子，事后他才写了一封信进行教育。在《与顾省公》的信中，先生明之以大义，动之以亲情，晓之以厉害，既一针见血地指出问题的严重性，又层层说理，循循善诱，可谓用心良苦。此外，在先生与其他人的书信中，用至情感化学生的事例不胜枚举。对于异常顽劣的叶振珽，先生先后写了八封书信，从这八封书信看，先生动之以情、晓之以理的方法行之有效。他的学生叶振珽对他的话基本上言听计从。对于如何处理好师生关系，先生的此种方法可以说是行之有效。

其次，针对学生的缺点，提出改正的方法。例如，在《与吕德焕》的这封信中，先生告诫弟子吕德焕，做学问要在做人上下功夫，要正确对待别人的过失，强调"盖当以学问见己之过，不当以学问见人之过"；做学问还要在性情品格等方面增强自己的修养，做出有益于社会的学问。又如，在《致廷玉》的信中，先生针对叶振珽的缺点提出了三点改正的方法。第一是"不可多言妄动"，后来先生列举了叶振珽在老者身旁大声说话、举止率意一事，认为这有违儒家礼仪，应该改正。第二是"不可撄心繁琐及无益应酬"，先生以范仲淹"毁誉、欢戚、富贵、贫贱"不动于心为例，说明一个人只要胸怀远大目标，就不会将目光停留在琐事上，只有这样才能有大出息、大作为。无益的应酬白白浪费时间、消耗生命，应当戒除。第三是"期限日课务须及格"，先生认为，每天的功课都必须按时完成而不留遗憾。否则，作为学生，则虚度了一刻一日的光阴；作为老师，则旷废了一刻一日的职分。再如，在两个弟子柴艺循与毛云翼发生矛盾的时候，则针对双方的缺点提出不同的改正方法，要求柴艺循对待同学必须

"以宽量容之,以至情化之",同时,在同学有过错的时候不妨当面箴规,当面消解。

最后,在教学中,让学生自由讨论,发挥学生的自主性和能动性。据《毋欺录》记载,在康熙二十九年(1690)的一天上午,先生来到大树书屋,讲通书四章。下午,先生听诸位学生讲四子书,各抒己见,相互论证,看到学生们如此用功,先生心里十分快乐。此外,在《与潘生咸正》的信中,先生写道:"务于一言一动一事一物各以诚实恻怛之心体向其所为当然之理,而以先圣贤书一一证合,当所在有长进,讲论时自不患左支右绌也。"在此,先生希望学生亲身实践圣贤的义理,取得进步,在一起自由讲演、讨论的时候不会担心学识不足。

附 录

朱柏庐塑像与《朱子家训》

朱柏庐家族世系考

朱柏庐家族在昆山居住数百年之久，出现了不少名垂青史的历史人物，对于这一家族的研究将有助于我们了解昆山的过去以及昆山的优秀传统文化。

朱姓是中国历史悠久的姓氏之一，出自曹姓，以国为氏。据有关文献记载，在公元前十一世纪，周武王打败商王后，分封曹末于邾国，来作为周朝的附庸。春秋时，邾国灭亡，子孙去邑，以朱为氏。

据朱德润所作《朱氏家谱》可知，玉峰朱氏的远祖是唐朝咸亨年间时隐居在亳州（现安徽省亳州市）的朱仁轨。五代时，朱德润的十世祖朱汉宾从亳州迁徙到睢阳（现河南省商丘市）。朱德润的九世祖则是"睢阳五老"之一的北宋兵部郎中朱贯。北宋末年，朱德润的四世祖朱子荣因金兵南下而南渡长江。因此，可以确切认定，迁居苏州的始祖是朱子荣，所以，本文从他开始介绍。

一世祖朱子荣，字公显，晚号信庵。在北宋靖康年间因金军入侵而南渡长江，当时年仅六岁。他被一同渡江的僧人允谦携带到吴郡（今苏州市），吴郡郡守贾青把他寄养在史元长家。他长大后爱好学习，但是因为贫穷无法养活自己，就依靠贩缯来自给。宝庆初年向所在地方的长官上书述说政治。后来，他被授予从政郎、江州文学，转迁左藏提辖，官至朝奉郎直秘阁，活到八十三岁。

二世朱大有,字应之。他性格坚毅、严肃,即使是在夏天也要衣帽整齐。景定年间,他在乡校中学习,后赴部用黄甲免试授予太学录的官职。后因上书言事得罪贾似道,被诬陷入狱,家产被没收,人被流放到淮西,活到七十七岁。

三世朱应得,字仁仲。他聪明敏捷,很有才干,非常孝顺父母。咸淳六年(1270)凭借举人的功名参加会试,被授予秘书省检阅文字,后被授予太学正的官职,因为其父亲上书"言三镇事"被安置淮西。元军平定江南后,回到苏州。因学校毁坏被推荐为提调学校事务,后改为管庙学祀孔子使,活到五十四岁。

四世朱琼,字廷玉。他在襁褓中跟随祖父、父亲到了淮楚等地,二十五岁时被儒司推荐为无锡县学教谕,又调任长洲县儒学教谕。在任长洲县儒学教谕时,他闭门与诸生专心讲授,活到五十八岁。

五世朱德润,字泽民。他是宋兵部郎中朱贯的九世孙。从小读书一遍就能记住,等到成年之后,专心学习诗文,所作诗文往往被人称赞。在他得到许道宁的画后,尝试着画画,结果画得非常好。延祐七年(1320),他当时年仅二十五岁,前往北京游览,被吴兴赵孟頫举荐为国史编修。第二年,英宗继承王位,朱德润被授官镇东儒学提举;至正十二年(1352),江浙行中书省平章政事起用他为江浙省行中书省平章照磨,实际是参谋,帮助处理不少军政大事,后来代理长兴太守。不久,他因病去职,回到家乡。他在平生所到过的地方留下了好的名声,又因为书画而闻名天下。画作有《秀野轩图》《林下鸣琴图》《松溪放艇图》等传世。著有《存复斋集》十卷,附一卷。他的文章也受到后人的喜爱,太史虞集说:"泽民文章典雅而理致甚明,独惜以画掩其名,然识者不厌其多能也。"他死后,御史周伯琦为他作墓志铭。他生有四子:长子元吉,次子復吉,三子逢吉,四子蒙吉。元吉、復吉、蒙吉早亡。

六世朱吉,字季宁。他原名逢吉,皇帝朱元璋为他改名朱吉。他学习圣贤,谨言慎行,做人表里如一。张士诚占领苏州后,当时有很多知识分子跟随他，而朱吉却不是这样。当时昆山州判官徐石麟把女儿嫁给他做妻子，于是朱吉就把家从苏州迁居昆山，闭门授徒。洪武年间被荐授户科给事中，当时稽查到赋长违反戡合的法律，皇上震怒，命令廷臣要处死他们，没收他们的家产。他上疏说，戡合的办法本来是验看执照，看看每年的皇粮是否完纳，如果是每年的皇粮到了限期，即使戡合也不过查验虚文，现在拿获的各省粮犯，但稽查戡合，并不缺少正粮，请求赐予昭苏，以弘恩宥，皇上听从了他的建议。洪武二十二年（1389），有诏旨要肃清胡蓝逆党，波及很多无辜的人们，出现了很多的冤假错案。他又因为这种情况而上疏皇帝，奏折进入皇宫后，皇上特地嘉奖他，给予织文绣衣的赏赐。翌日，钦谕廷臣，深加奖美。不久，他因为书法写得好而改为中书舍人，升迁为侍书，在皇帝身边度过的时间有十年之久。后来他外放为湖广按察司佥事，理冤释滞，不可殚述。恰逢遇到诖误关入监狱很久。永乐年间大赦群臣，再次召为中书舍人。奉敕题写高庙神主，皇帝眷赏特别深厚，不久，谢政回家。书箧中只有法书名画。路上遇到老朋友负欠田租而抵罪，他就卖掉自己的东西来帮助偿还。他的著作有《三畏斋稿》。他活到八十一岁才去世，有三个儿子：定安、泰安、永安。

七世朱定安，字士隆。他精通楷书，尤其精通古代篆鉴学，很得周伯琦的笔法。相传玉峰山前有"篆冢"就是他埋葬的。翰林吴均、王洪曾经为他写墓志铭。

朱泰安，字士栗。他清修苦节，不坠家声。永乐三年（1405），他成为举人，翌年礼部考试中乙榜，被授内黄教谕。他在教育诸生的时候，要求诸生"熟传注，惇行谊"为先。后来丁忧回籍，他历调安仁、安吉、阳信三学，所至条教必以尊传，造就了很多人才。再满三考，应当升职，不等上奏，坚决请求回家，杨文贞、杨文定慰留他，但他还是坚持回家。在他回到昆山之后，租赁了几间房屋教授学生。有人告诉他官府中有名有利的事情，而他却默不作声，就好像没听见一样，逍遥终身，不谈官府事务。平时，虽然身上穿着布袍,每餐吃着蔬菜,却处之怡然。他活到了九十三岁,儿子名叫朱寿。

朱永安,字士常。他在年少的时候跟随王汝玉学习,博学多才,喜欢收藏古今的书籍,行书、草书都写得很好,就像晋唐时候的书法家写的一样,受到名人杨东里等人器重。他平生只喜爱古今的书籍,购买了很多的图书,闲暇的时候,或者焚香或者弹琴,著有《尚志斋稿》。年龄未到五十他就去世了,死后追号为"尚志"。侍郎叶盛曾经说:"县中文化望族必定推选朱氏,泰安兄弟出生时间不同而'清修苦节,并为乡里仪表'。"他有两个儿子,分别是朱春和朱夏。

八世朱寿,字元龄,号古直。他为人忠厚,性格直爽,孝顺父母,友爱兄弟。当父亲朱泰安在阳信县做教谕时,家中人口众多,仅靠俸禄无法养活。他虽然年龄很小,却奋然承担起养家的责任,为父亲解忧;父亲致仕回家后,他得以悠然自得地生活了三十多年;在父亲死后,他用尽自己的财物来独力埋葬,不和其他兄弟计较。平生喜欢读书,懂得医药,由于早早经商,去过很多地方,但没有发大财。在旅馆住宿时,老板多退了十两银子,他发现后就送还了店主。他有一个儿子名叫思诚。

朱春,字日东。他性格刚强耿介,因为生病,有一只眼睛瞎了。朱春为人非常孝顺,在父母死后,行走三千多里找到父亲的老朋友谷请求写墓志铭。中年之后,在康宅建筑房屋,教学度日,直到去世。

朱夏,字日南。他的性格庄重严谨,不乱交朋友。在很小的时候,他就立下远大的志向,砥砺自己的节气,不追求做官,喜欢作诗写书法,尤其精通书法,负气尚节有祖父风。家藏法书名画及先世手泽多散失,他尽力购买,使之完备。他曾经设立私塾授徒讲学,师范卓然,巨族争相延请他来教自己的子弟。晚年的他曾经组织斯文会,尚书吴宽在他的墓志铭上写道:"清修隐德之碣"。活到七十一岁去世。他摹刻的《睢阳五老》,后流入申时行家很久。他曾著作《家乘十卷》《勉斋稿》,并重新编写朱德润的

《存复斋集》。

九世朱文，字天昭，一字天章。由昆山迁居当时的府城苏州吴趋里。他自幼就喜爱学习，兼修《易》《诗》《春秋》，后被补为府学生员，与吴县王鏊齐名。成化十二年（1476）丁酉科举人，成化二十年（1484）成为进士。后被授予都察院理刑，升云南道监察御史。历官福建巡按、经筵讲官、湖广副史等。死时六十八岁，生有七子：希周、希召、希韩、希花、希富、希吕、希冯。

朱质，字天存，号拙轩。朱夏次子，官苏州卫指挥佥事。三个儿子：希范、希阳、希虞。希范是嗣子，是朱希周的弟弟。

朱彬，字天成，号半山。官至山东兖州府沂州判官。两个儿子：希颜、希曾。

十世朱希周，字懋忠，号玉峰。他仍以昆山籍起家，在十四岁时就成为昆山县学的廪生。弘治九年（1496）成为进士，廷试得第一名状元。被授予修撰的官职，纂修《会典》，升任侍读，充当经筵讲官。宦官刘瑾厌恶他疏远自己，假借皇帝的名义革掉他的侍读，让他重新做回修撰的官职。朱希周后来参与纂修《通鉴纂要》《孝庙实录》，又恢复了侍读的官职。正德五年（1510）主持应天乡试。后历官学士，晋升礼部侍郎，恰逢出现"大礼议"，他坚持自己的意见，忤了皇帝的旨意，被明升暗降为南京吏部尚书。后因五年考察，六科不罢黜一个人，权贵要求再察，遂请求致仕。后来很多人再举荐他为官，他都不去了。在家居住期间，他更加廉洁，别人赠送的东西，一概不接受。他还不喜欢办置产业，不养姬妾。衣着庄重，即使在大夏天也要衣冠整齐。同里的少年，想干坏事，最害怕被他知道。在阳抱山（今阳山）祖墓旁边建了一个草庐，每天以读书自娱，活到八十四岁去世。大臣为他向皇帝报告，后赠太子太保，予祭葬，给"恭靖"的谥号。死后葬在宝华山。有一个儿子：景固。

朱希召，字懋化，号木峰。官至贵州都司都事，墓在阳抱山（今阳山）祖墓东。有一个儿子：景元。

朱希吕，字懋道，号五峰。官至归安县丞，墓在离阳抱山祖墓一里远的地方。

朱希富，字懋爱，楚府典膳。

朱希范，字懋正，号克难。官至詹事府詹事。

朱希阳，字懋功，号山塘。官至两浙运河判官。因为有干局，晋升为奉议大夫。

朱希虞，字懋本，号三峰。他聪明豁达，但不喜爱读书、作八股文。居家孝顺嫡母及生母。不爱田产，被恭靖赞誉为"真吾弟也"！有一个儿子：景濂。

朱希颜，字懋愚，号仰山。历官大兴县丞、汝王府审理。曾详细考订《朱氏家谱》。

朱希曾，字懋鲁，号东泉。曾为江西宁州府判官。貌伟而不可狎，独立自治，不胡乱听从别人的意见，处理事情井然有序而不乱。有一个儿子：景昇。

朱希皋，字懋明，号万峰。任南京吏部司务。死后葬在穹窿山塘村。

朱希伯，字懋德，号东崖。希皋的弟弟，因为儿子景贤而赠予主事的官职。

十一世朱景固，以荫官太常典簿，终南京都督府都事。

朱景运，字际甫，好学有文，为伯父朱希周所器重、赞许。参加诸生考试就位列高等，很久都没有考中举人，后以太学选授浙江按察司知事。当时战争刚停，诸曹多按成例办事，唯独他提出五条意见给上级，试用有效。他办案神速，为冤假错案平反，升迁为广州府经历。不久就回家，居住在马鞍山南的宾玉堂，常年足不出户，只和老朋友谢绍庆、张栋、归子慕等来往。县令樊玉冲非常尊重他。死时八十三岁。

朱景濂，字兆嘉。为人孝顺、谨慎、庄重、严肃。与申时行同学，交游很久，但一生机遇不好，无科举功名。

朱景昇，官职为唐府审理。有一个儿子：家佐。

朱景贤，字范之，号祁川，府学生员。嘉靖二十八年（1549）己酉科进士，官至刑部郎中，墓在县西南十五里。

十二世朱衍，字藩卿，以吴县籍登隆庆庚午举人，出宜兴教谕，迁房山知县。

朱家佐，被尊称为筑岩公，以孝顺、友爱著称。筑岩公服侍他的继母夏太夫人，扶养年幼的弟弟钦叔，醇厚笃实，亲密无间，临死的时候，把集璜叫到床前，告诫他说："你一定要好好对待你的祖母，不然的话，我死不瞑目。"他一生以塾师为业，从他开始，家居昆山城内，生有两个儿子，一子名叫集璜，一子名叫球。

朱釴，字威卿。以孝顺、友爱、恭谨著称。

十三世朱集璜，字以发。家住玉山镇通阛桥东，有观复堂。明崇祯二年（1629）入复社，三十岁时成为诸生。崇祯八年（1635），因为特恩贡给朝廷。一生主要以教书为业，教授弟子数百人，学行为乡里所推重。清顺治二年（1645）率众弟子守昆山城抵御清军，城破，投东禅寺后河自尽，弟子随他起义而死的有孙道民等五十余人。其墓在昆山县沙葛村，乾隆四十一年（1776）奉旨入祀昆山县忠义孝悌祠。

他少年时家庭贫困，刻苦学习，为人清介，平易近人。与同县的陶琰关系很好，两人情谊融洽，互相砥砺，以理学、名节作为自己终身奋斗的理想。

明朝末年，朝政日益腐败，集璜为国事忧愁，因此特别留意国家的经济要务，对兵刑、水利、赋役等方面的书籍，没有不竭尽全力研究的。乡先达顾锡畴、徐汧非常推崇他，说："朱先生不是一般的经生啊！"

他非常热心地方上的公益事业。当时朝中大臣议论嘉定、崇明两县仍旧应当转漕，后来，又议定两县输直，昆山、太仓、长洲、吴县四县输米代之。昆山当时输米要一万两千四百余石，直既不足，又复不偿，百姓受到很大的困扰。集璜就上书州县的缙绅先生为家乡的百姓请命，于是四个县的负担得到减轻，而其他两县也不转漕。

昆山县东部有一条河叫夏驾河，户部尚书夏元吉曾修浚治理过，但之后很久没有治理，几乎成为陆地，左右几十里路都长满了茂密的草木，不能耕种。崇祯十六年（1643）知县杨永言开浚夏驾河，南自吴淞江龙王庙，北至小瓦浦。当时，正值天气大旱，土地、农田大都荒芜了。杨永言认为没有朱先生就不能做好这件事。朱集璜慷慨地答应下来，亲自步行到河查看，测量深浅，测量远近，组织劳力，确定开工的日期，并定下章程，又延请诸生张谦、孙道民来帮助办理，辛劳了六个月终于完成了工程。

他的著作有《观复堂稿》二十卷、《山行日记》一卷。朱集璜有四子：用纯、用白、用晬、用商。

十四世朱用纯，字致一，号柏庐。崇祯十六年（1643），年方十七岁就成为苏州府学生员。清顺治二年（1645年），他的父亲朱集璜在保卫昆山县城的时候遇难，他就弃去生员的功名，潜心治学，不仕清朝，一生以教书为业，却做出了不平凡的事业。朱柏庐先生具有坚强的气节。面对国破家亡，他敬仰晋人王裒攀柏庐墓之义，故自号"柏庐"。清康熙十八年（1679年）他坚辞不应博学鸿词科，后又坚拒地方官举荐的乡饮大宾。他终身不为清朝官员，不与清朝合作。在临终时，还叮嘱弟子："学问在性命，事业在忠孝，勉之。"

朱柏庐先生孝顺父母，尊宗敬族。父亲死难，他昼夜恸哭，痛不欲生。当时他的弟用白、用晬尚幼，用商遗腹未生。他上侍奉老母，下抚育弟妹，到处流浪，非常艰难。生活稍稍好转，就设置祭祀用的祭田和赡养族人的义田，修葺祖先的祠堂，平时和几个弟弟十分友爱，亲密无间。

在与人交往方面，他严于律己，胸怀宽广。对当时愿和他交往的官吏、豪绅，以礼自持，轻易不到他们的住宅拜访，也不因自己的私事请托。他的朋友对他很是尊敬，即使有人和他意见相反，也没有恼怒的神情。朱柏庐还是一位善于教导的老师。在教育学生的时候，他往往动之以情，晓之以理，取得良好的教育效果。他在《与吕德焕》这封信中，告诫弟子，做学问要在做人上下功夫，要正确对待别人的过失，强调"盖当以学问见己之过，不当以学问见人之过"；做学问还要在性情品格等方面增加自己的修养,才能做出有益于社会的学问。居乡教授学生,以程朱理学为本,提倡知行并进,躬行实践。他深感当时的学者空话连篇,使人难以学到真实的学问,故写了《辍讲语》,反躬自责,语颇痛切。还曾用精楷手写数十本教材用于教学。他对行书和楷书非常精通,有亲自书写的《孝经》,门人后来把他书写的《孝经》刻在了石头上。

他除了被称为理学家,还被认为是文学家,著有《删补易经蒙引》十二卷、《愧讷集》十二卷、《毋欺录》三卷、《柏庐外集》四卷、《未刻文稿》三卷、《春秋五传酌解》《四书讲义》《困衡录》《朱柏庐先生治家格言》(《朱子家训》)等。《朱子家训》精辟地阐明了修身治家之道,是一篇家教名著,通篇意在劝人要勤俭持家,安分守己,至今仍有实用价值。

朱显宗,字闇生,号澹菴,又号西琯。他是朱夏六世孙,还未满二十周岁就被补充为诸生,恰逢外祖父侍御周元暐因为写书触犯忌讳被逮捕下狱。他毅然请求动身,亲历患难,事情得到处理,还了外祖父的清白。因为是贡生,被授予丹阳训导的教职。南明福王时补为浙江西安训导,南都失陷后奉鲁王的命令代理县令的职务。翌年,升迁为衢州府推官。不久,弃官归家。顺治八年(1651)夏天发大水,老百姓非常饥饿,大吏却不让皇帝知道,照常催科,他率领次子昱跟随县令一起到北京。给事中姚文然认为他很有高义,就向皇帝上疏,结果诏许蠲折。有五个儿子:晟、昱、昶、旦、晨。

朱维宗,字新卿,官至礼部儒士,壮年时没有儿子,以显宗的儿子朱旦为子。不久,又生子朱晔。顺治二年(1645)昆山城被攻破时,他和弟弟耀宗一起投水而死。

朱耀宗,字潜卿,庠生。本来在乡下训蒙,后因战乱把家迁进昆山城内。昆山城被攻破时,他投水而死。

十五世朱晟,字与升,一字方旭。年幼时风姿奇异,垂髫时就补为诸生。每天都勤于读书,好义且注重信守诺言。在守卫昆山城时,为里中的饥民按人口给予粮食,清兵到来,把他拥到学舍前,他厉声叫骂,被清兵杀死。

朱旦,字与明,为维宗后。昆山城被攻破,当清兵来到跟前,他手持长戈登屋,与清兵格斗而死。朱晔同时被杀。

朱晨,字孝升,诸生,随父亲在衢州任上,战乱之际,奉母叶氏躲避在衢州南乡。他听说父亲处于危难之际,便冒险前往舜山,途中遇到父亲,一同回归家乡。后来因为哭母而去世。

朱禺,原名是,字去非,朱显宗的侄子。年幼的时候发愤学习,成为诸生。昆山城破时,他背着父母泅水避难。他用金钱把舅舅的儿子赎回来延续母亲家族的祭祀。康熙初年,他以恩贡在廷试时考了第一,需要去谒选州佐,不去。他后来造就了好多学生,其中有不少人成为显贵。他尤其注重敦厚风俗名教,每年祭祀的时候,一定到祖墓前跪拜,不因为年迈就废礼。年八十余岁去世。

十六世朱谥,在年仅十岁时,被清兵俘获,后逃归。但他因父亲遇难而痛苦不已,归来后不到三个月就去世了。

朱普,字册韩,少年时遭遇战乱,过了壮年才开始读书,后来补为诸生。平生言语行动必定要合乎礼法。与朱用纯勤于探讨宋儒理学,为后来的人所师从效法达四十年。可惜一生都是岁贡生。其后有李宗灏,他是用纯的弟子,坚持学习老师的训导,言行端正,为士林所重。

附表

昆山朱氏世系简表

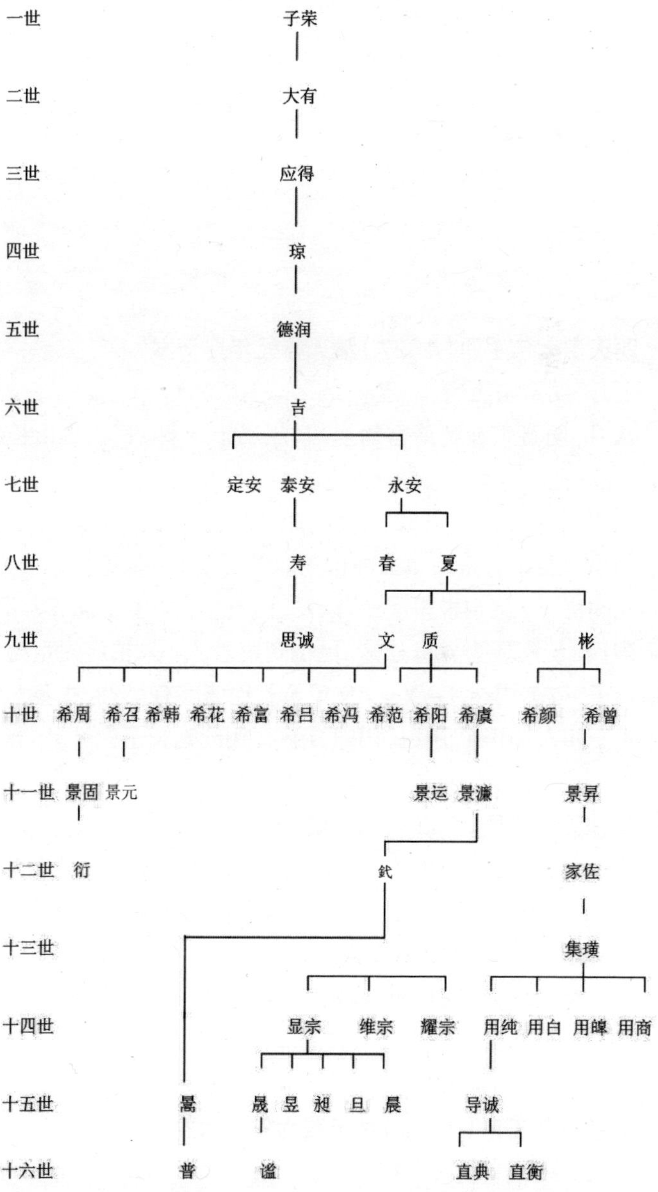

一世	子荣
二世	大有
三世	应得
四世	琼
五世	德润
六世	吉
七世	定安　泰安　　　永安
八世	寿　　　春　夏
九世	思诚　　文　质　　彬
十世	希周　希召　希韩　希花　希富　希吕　希冯　希范　希阳　希虞　希颜　希曾
十一世	景固　景元　　　　　　　　　景运　景濂　　　景昇
十二世	衍　　　　　　　　　　钛　　　　　家佐
十三世	集璜
十四世	显宗　维宗　耀宗　用纯　用白　用鼠　用商
十五世	曷　晟　昱　昶　旦　晨　导诚
十六世	普　谧　　　　　直典　直衡

附录

朱柏庐先生年表

明天启七年丁卯（1627）清天聪元年　一岁

七月，明熹宗患病。

八月，明熹宗在乾清宫驾崩，享年二十三岁。后由朱由检继承皇帝位，把明年定为崇祯元年。

此年四月十五日（1627年5月29日），朱柏庐先生出生在南直隶苏州府昆山县玉山镇通阛桥东面的观复堂。朱家比较贫穷，仅有几间房子。父亲朱集璜，字以发，恩贡生，一生以教书为业。母亲陶氏，与陶琰为异母兄妹，昆山鸡鸣塘人。朱柏庐先生是朱集璜长子，取名用纯，字致一。父亲希望他能够有毅力。朱集璜夫妇共生子四人：用纯、用白、用皥、用商，用纯是长子。

崇祯元年戊辰（1628）清天聪二年　二岁

十一月，陕北农民由于连年饥荒举行大起义。王二最先发动起义，府谷王嘉胤、宜川王左挂、安塞高迎祥、汉南王大梁等，相继举起义旗，张献忠也在延安米脂起义。

十二月，固原发生兵变，取州库银两。

朱柏庐先生的表叔徐汧中进士，改庶吉士。

崇祯五年壬申（1632）清天聪六年　六岁

六月，黄河在河南孟津决口。

八月，洪承畴等连败义军于平凉、甘泉、铜川桥、延水关等地。

此年夏天，东南大旱。

此年，先生拜父亲朱集璜为师，学习朱熹的《小学》。

崇祯七年甲戌（1634）清天聪八年　八岁

正月，陈奇瑜总督河南、山西、陕西、四川、湖广军务，专事攻击农民起义军。

三月，陕西、山西大旱，出现大饥荒，出现了人吃人的情况。

六月，当时全国拖欠国赋一千七百余万两。

七月，清兵入尚方堡，至宣府。

四月三日，先生的父亲朱集璜祭祀秘阁公墓，路过常熟瞻仰族子朱鼎和所藏《睢阳五老》图原本。

崇祯八年乙亥（1635）清天聪九年　九岁

因为崇祯皇帝下诏求贤，先生父亲朱集璜被陈和阳拔为贡生进入太学，却因事罢归。

崇祯九年丙子（1636）清天聪十年　十岁

据先生父亲朱集璜的《北行纪日》所载，此年他与孙雪屋同行。

崇祯十年丁丑（1637）清崇德二年　十一岁

二月，昆山王焘任随州知州，坚守随州二十余日，在援兵不到、兵力用尽的情况下，自杀殉国，死后谥"忠愍"。

徐枋受父亲徐汧之命跟随先生父亲朱集璜学习。徐汧，字九一，长洲人。他还未出生父亲就去世了，崇祯元年成进士，被授官翰林院检讨，历官右庶子、少詹事。顺治二年六月十一日，清军下剃发令。顺治二年六月十二日，徐枋为保护头发投虎丘新塘桥下水中自尽殉节。鲁王监国时，谥"文靖"。

崇祯十一年戊寅（1638）清崇德三年　十二岁

九月，清兵分道入塞。前锋抵牛栏山。陕西、山西大旱，出现饥荒。

十二月，清兵犯巨鹿，宣大总督卢象升力战而死。明朝廷征召洪承畴保卫京师。当时，清军已经攻破四十余座城池，进入山东。

此年，朱集璜携带先生到苏州徐汧家塾教徐枋，先生开始与徐枋同学。徐枋，字昭法，号俟斋。明末清初人，生于1622年，于1642年中举人，死于1694年。他以书画诗赋闻名吴下。主要著作：《二十一史文汇》《通鉴记事汇聚》《居易堂集》《国朝画征录》《桐阴论画》等。

崇祯十二年己卯（1639）清崇德四年　十三岁

此年大旱，李自成攻陷河南。

春天，朱集璜因事不能到苏州教徐枋，徐枋于是就来到昆山县城跟随朱集璜学习。随着弟弟的出生，先生家中人口日益增多。

崇祯十三年庚辰（1640）清崇德五年　十四岁

父亲朱集璜定后世命名取字为"导直心理固，通华哲养刚。会寅融广义，玄甲耀中庚"。

崇祯十四年辛巳（1641）清崇德六年　十五岁

六月，南直隶、北直隶、山东、河南、浙江、湖广出现旱灾和蝗虫，饥民纷纷起义。

此年，复社首领太仓张溥去世。

此年，苏州大旱，出现大饥荒，父亲朱集璜倡平粜于郡中。

崇祯十五年壬午（1642）清崇德七年　十六岁

二月，李自成大破官军于襄城，杀三边总督汪乔年。蓟辽总督洪承畴被俘投降。

此年，徐枋乡试高中举人，同年中举的人中有三个是朱集璜的学生。

此年,先生异母舅陶琰长子陶甄成为诸生。先生学作科举文章。

崇祯十六年癸未（1643）清崇德八年　十七岁

十月,李自成破潼关,孙传庭战死。不久,李自成攻破西安,改为长安,号西京。

此年,苏州大旱,蝗虫到处飞舞,米价大涨,一斗米要九百个制钱,遭受饥饿的人口大量增加,朝廷的赋税正供无法征收。先生父亲朱集璜向当事上《乞免昆邑代兑书》。

是年,先生成为苏州府学生员（俗称秀才）。

崇祯十七年甲申（1644）清顺治元年　十八岁

正月初一,李自成在西安称王,国号大顺,建元永昌,设置大学士、尚书等官职,恢复五等爵位,制定军制军律,檄告远近。

三月,李自成攻下北京,明思宗朱由检在北京煤山自缢。

四月,清军与吴三桂联合在山海关打败了李自成亲自率领的军队。

五月初一,清军进入北京。

五月,明朝大臣在南京拥立福王朱由崧为君,南明建立。

此年,昆山蔡懋德任山西巡抚,因与李自成军队作战失败,在太原自缢身亡,谥"忠襄"。

先生与异母舅陶琰之女陶端成婚,结为夫妻。

弘光元年（1645）清顺治二年乙酉　十九岁

正月,明总兵许定国杀高杰,投降清朝。

三月,清兵攻下河南归德。明将左良玉以讨伐马士英为名,自武昌引兵东下,到九江病死。

五月,清兵进入南京,明将黄得功兵败自杀。弘光帝逃到芜湖,被清军俘获。松江府华亭县夏完淳死。

六月,昆山顾咸建任杭州府钱塘县令,因清军攻下杭州后坚决不投降殉国而死。

闰六月十一日,清军下剃发令。

六月十三日上午,县令阎茂才出示剃发令。午后,归庄等发动昆山起义,杀县令阎茂才父子。六月十五日,贡生陈大任等推选前狼山副总兵王佐才为主帅。朱集璜、陶琰等协助王佐才守卫昆山。

七月六日城破后,朱集璜投东禅寺后河而死。乾隆四十一年(1776),他被奉入忠义祠。此次战争全县共死难二万四千余人。不久,李清遣使前来吊唁,并致函相慰。先生经常大声哭泣,遵从父亲的遗命放弃秀才的功名。后来先生作《朱布衣传》来表明自己的志向。那时先生的弟弟用白、用鼎的年龄幼小,用商是遗腹子,还没有出生。先生上要赡养母亲,下要抚育弟弟和妹妹,历尽艰难困苦。

顺治三年丙戌(1646) 二十岁

清兵破吉安、广信。昆山胡甲桂官广信同知,坚决不投降,自缢而死。昆山夏万亨官江西布政使,也在建昌殉国,一家有二十余人一起赴死。

同年,昆山顾锡畴隐居温州,被总兵贺君尧杀害。

顺治四年丁亥(1647) 二十一岁

先生拜道德高尚、知识渊博的夏永言为老师。

顺治六年己丑(1649) 二十三岁

先生一家返回位于通阛桥东面的观复堂旧居。

顺治七年庚寅(1650) 二十四岁

开始为塾师,通过授徒来赡养母亲、抚育弟弟和妹妹,历尽艰难困苦。

先生嗣子朱导诚出生。

先生在此年祝贺巨涛伯父七十大寿，专门写了祝寿序文。文章为《巨涛族伯寿序》。

顺治八年辛卯（1651） 二十五岁
秋天，先生知交金孝章在昆山教授生徒，年五十。

顺治十年癸巳（1653） 二十七岁
秋天，先生写有《祭祀王诚履表兄》

顺治十二年乙未（1655） 二十九岁
在舅父十周年忌辰的时候，写祭文《祭舅氏仁节陶先生》进行悼念。

此年，张应宿来游昆山，朱柏庐先生与之成为莫逆之交。张应宿，字月鹿，号无待，浙东宁波鄞县人。此人乃明朝嘉靖年间兵部尚书张邦奇之后，很有气节，不随便赞同别人的观点。在明清易代之后，弃去功名，隐居教学。

顺治十四年丁酉（1657） 三十一岁
在而立之年，先生已经在当地崭露头角了。应明崇祯进士、翰林院右春坊右中允徐开禧的请求，为他撰写《两闱杂记小序》。序文如下：

太史徐先生之分司楚试也，为庚午之岁，用纯犹未就傅；其主闽试也，为壬午之岁，用纯已学为文章。因先大人之与先生交也，得尽闽士之文而请读之，叹为绝盛。盖其文千变百出，不可端倪，要皆闳于中而肆乎外者。夫以闽之郡八，士之挟其文以试者五千余人，其间斐才者何限？先生拔尤简异，所收者皆闽产之英奇、人伦之秀粹，于是叹先生取士之明也。惜我生晚，独不及读先生分试于楚之文，则未知所获之楚才又何如也。越十五年，先生始以《两闱纪事》示用纯，且命之序。用纯受以卒业，见先生奉命以往，自邮传、舟车及乎棘院、门馆、宫室之间，罔弗密勿从事，而士子之文搜罗剔抉，唯恐一有不当，上失祖宗以来育才之报，下负儒生数十年简练之苦，前后一辙也。宜乎鬼神式临，时或见之。而一时之襄事者，亦相与惟公惟勤之交敕。呜呼！士大夫身任国家之重寄，有能夙兴夜寐、惴惴小心、罔或怠乃职者，曾几人哉！于是叹先生得人之所以盛，又不惟其明也，盖以慎，故明也。彼夫荐士皇朝，受馈私门，与夫士子之妄于荣进，谓暮夜无知者。读先生之纪事，亦可以少息焉。虽然先生之恪于事，又岂必在试事也已？

此年，先生学生徐与华考中诸生。

顺治十五年戊戌（1658） 三十二岁

先生开始撰写《毋欺录》，或名《无欺录》。

迫于催科，先生将脱掉的棉衣换成钱输送官府，母亲害怕他寒冷，拿出自己的衣服来代替。

族兄汝任去世，先生听说后情不自禁地流下眼泪，哭了很久。

先生在苏州城内听说有人以拖欠国家赋税的名义陷害徐昭法，见到徐昭法后才了解到事情的详细情况。

先生表兄徐昭法生病非常危险，郑三山用很少的药就让他起死回生。

顺治十六年己亥（1659） 三十三岁

五月，郑成功、张煌言大举进入长江，攻占崇明。

六月，郑成功、张煌言接连打败清兵，攻克瓜洲、镇江，至南京近郊，六合、滁州、天长皆反正，攻下江南江北共二十九城。

先生题写四句话作为某个学生的座右铭："受人言，毋自欺。能力行，圣可希。"

春天，荀若邀请先生一起前往陆孝子之墓凭吊，孝子名安，他的妻子钟氏又是一位贞洁烈妇。他的墓在城东南隅，荀若居住在墓的旁边，参加凭吊的六七人都是住在一起的乡邻。

三月，对百姓多有善政的昆山县令郭文雄突然去世。昆山人十分爱戴他，把他葬在马鞍山的脚下。朱柏庐先生前往观看下葬，周围十分肃静，庄重有礼。

一日早晨，先生同仲弟乘郑瑞生的船前往强巷购买房屋，顺便拜访父亲的学生王汇嘉。

此年作《粘壁告亲友诗》。

顺治十七年庚子（1660） 三十四岁

春天，为先生母亲陶太夫人生日，表兄徐枋特作《朱师母六十寿序》侑觞。

四月，吴县袁重其把李应昇的遗墨拿出来给朱用纯看，朱用纯写下《题李忠毅公〈狱中教子书〉》。李忠毅，名叫李应昇，字仲达，江阴人。他是明朝万历年间的进士，天启年间官至御史，性格刚毅，支持杨涟弹劾魏忠贤，为阉党所忌恨。天启六年（1626）被阉党逮捕杀害。

八月，葛瑞五从山中派舟来到昆山，邀请先生一同前往，两人一同经过姚墅。后来两人一同游览惊鱼涧、夹石泉、小赤壁。

此年，先生攀登七十二峰、阁茶山及潭东山房，游览湖山。

顺治十八年辛丑（1661） 三十五岁

江南逋赋的事件从苏州府、嘉定县开始，后来蔓及其他地方，而当国者又命令设立奏销册。这就是著名的"江南奏销案"。昆山叶方蔼、徐乾学等受到牵连。

一月，介绍好友徐开任拜访长洲徐枋，徐开任和徐枋都是坚守气节的明朝遗民。

四月，先生祝贺李映碧先生六十大寿，作有《李映碧先生六十寿序》。

此年，先生作有《金孝章先生六十寿序》。

康熙元年壬寅（1662） 三十六岁

书勖及门曰："志欲大，心欲虚，尽孝弟，敦诗书。学如是，斯远到。勉之哉，及年少。"

康熙二年癸卯（1663） 三十七岁

十月七日，先生姑姑邱孺人去世，为祭祀姑姑邱孺人作有《祭邱氏姑》。

康熙三年甲辰（1664） 三十八岁

闰六月十六日，先生的母亲陶太夫人因病去世，享年六十四岁，先生甚是悲伤。

中秋，在徐与乔的学馆中见到《道德经帖》，很是欣赏，因作《题道德经帖》。

为教导自己的学生顾省公，此年作有书信《与顾省公》。

康熙四年乙巳（1665） 三十九岁

一月，与武陵（今湖南常德）诸远之交游，游宝云山寺。

二月，先生祝马君房先生七十大寿，作文《马君房先生七十寿序》。

二月下旬，作诗《赠别武陵诸远之》。

康熙五年丙午（1666） 四十岁

三月，先生作《与吴开奇书》。

康熙六年丁未（1667） 四十一岁

此年，先生作有《赠张永晖六十寿序》。

康熙七年戊申（1668） 四十二岁

秋天，先生在昆山为吴门张永晖作《吴中往哲图序》。

此年，叶振珽之母李太孺人五十大寿，先生作《赠叶振珽之母李太孺人五十寿序》。

朱义宗向先生介绍昆山县吏何振溪、顺溪兄弟在昆山起义后被杀的事情，先生受托作《记振溪何君昆仲乙酉死难事》。

康熙八年己酉（1669） 四十三岁

五月，先生应姜西溟索题《王丹麓听松图》，作《题王丹麓听松图》。

九月，先生游苏州天平山和灵岩山，并写下《游天平山小记》和《游灵岩山小记》。

此年，先生为同宗作《浙江衢州府监军理刑朱公传》。

康熙九年庚戌（1670） 四十四岁

三月二日，先生写信给四弟用商，希望他改变以往的恶习，振作有为，成家立业。

十月，先生朋友葛芝刻印《卧龙山人集》十四卷。

十一月初一，先生重新恢复拥有《五老图》，作《重复五老图记》。

康熙十年辛亥（1671） 四十五岁

先生在家中的相在书屋收徒授经。

此年，先生写诗为明遗民李映碧祝寿，诗名是《寿李映碧》。另外，先生为夏景初写诗祝寿，诗名是《夏景初八十寿诗》。

康熙十一年壬子（1672） 四十六岁

四月三十日，好友顾荀若去世，先生作《祭顾荀若文》。同月，先生作《玉孚宗兄寿序》。

在夏至（农历五月），同吴县袁重其、昆山叶宏儒一起访问德下，作有《至日同重其岳心访德下留饮作》。

八月二日，张应宿在粒民斋中病死，粒民操办了他的丧事，后厝于马鞍山下。粒民是昆山李稷臣的字。

秋天，在长洲程杓石、吴县袁重其的陪同下，吴江戴笠来到昆山，与昆山的志同道合的朋友互相赋诗投赠。

吴县袁重其来昆山，请先生为吴江戴笠作寿序，朱用纯作诗《赠袁重其》。

此年，先生题《东湖钓隐图》赠张无待。

康熙十二年癸丑（1673） 四十七岁

十月，归庄去世，享年六十一岁。

秋天，先生作有《东木侄六十寿序》。

此外，为吴江戴笠祝寿，作《戴耘野先生六十寿序》。戴笠，字耘野，原名鼎立，字则之。入清后他出家为僧，后还俗，教塾自给。他著作有《永陵传信录》《香骨集》《行在阳秋》等。

康熙十三年甲寅（1674） 四十八岁

此年春天，先生为表兄徐瞻明撰写寿序祝寿，作文《徐瞻明表兄寿序》。徐瞻明，徐俟斋的侄子，与先生是中表亲戚，明末诸生，入清朝后隐居灵岩山附近的一云山。

康熙十四年乙卯（1675） 四十九岁

正月初七日，邀请他的门人弟子前来聚会，以诗作为邀请的书简。为此作诗《乙卯人日招及门诸子过话即以当简》。

正月二十六日，先生作《赠王子醇叔序》。

九月二日是先生的曾叔祖母七十寿辰，先生作《寿叔祖母杨太孺人》。

十月一日，为夏景初先生题写像赞，文章名《夏景初先生像赞》。

康熙十五年丙辰（1676） 五十岁

此年，先生作诗《赠袁重其》。

康熙十六年丁巳（1677）　五十一岁

先生学生王喆生在顺天乡试中解元。

此年，先生作《赠盛逸斋先生六十寿序》。

康熙十七年戊午（1678）　五十二岁

先生的表兄丘近夫，应博学鸿词科的荐举将到北京参加考试，先生为之口占一首赠别，诗名《丘近夫应博学宏词之举口占赠别》。同乡叶方恒想推荐他参加博学鸿词科，他坚决推辞，最终豁免。后来，先生作《朱布衣传》来表明自己的志向。

此年，先生赠王醇叔的母亲朱太孺人五十寿序，作《吴中往哲图序》。

康熙十九年庚申（1680）　五十四岁

三月，先生作《徐季重先生七十寿序》。

六月七日，先生的表兄邱近夫在南归的路上，死于河间府故城县。七月，祭邱近夫表兄，作文章《祭邱近夫表兄文》。

七月，先生赠送中表兄徐俟斋的嫂子蔡孺人七十寿序，作有《徐孺人七十寿序》。

此年，族中有不肖子弟卖身为奴，先生特地写信给叶渊发孝廉。先生撰写《徐季重先生七十寿序》。夏景初先生去世，先生亲自前往他的丧所吊唁致祭，并写下祭文《祭夏景初先生文》。

康熙二十年辛酉（1681）　五十五岁

仲春，先生过访吴瓶庵，读他留下的《瓶庵自叙》，于是作《书〈瓶庵自叙〉后》。

三月二十二日为徐俟斋生日，先生赠徐俟斋先生六十寿序，作文《徐俟斋表兄六十寿序》。

十月，昆山诸前辈葬张应宿于马鞍山下。朱柏庐先生亲自参加他的丧礼，并和友人一起送葬到马鞍山下。

此年，写信给吕德焕，告诫弟子，做学问要在做人上下功夫，要正确对待别人的过失。此年,应胡溶时的请求,先生撰写《广信郡丞胡公传》。

此年,先生的嗣子朱导诚、学生叶鸿绶考中诸生。

康熙二十一年壬戌(1682) 五十六岁

秋初,学生董观三请求书写箴言,先生在柏庐中作《书董观三卷后》。

九月,先生在病中作《朱布衣自传》。

此年,昆山叶方恒官至按察司金事,分守济南,主管山东全省河道,死于任上。表兄陶鄄回到昆山,先生劝他安心隐居,特地写诗一首《酬陶康令表兄归茸书斋见示之作》。

此年,先生的学生葛蜀名成为诸生。先生的学生王喆生成进士。

康熙二十二年癸亥(1683) 五十七岁

九月,祝永渤之母五十大寿,作《席太夫人五十寿序》。

十二月初一,先生好友李映碧先生在故乡去世。

秋天,先生为席献臣的父亲席启图的《蓄德录》作序文。

此后不久,先生应吴县席永劼的请求,到东山教他的幼弟永渤。徐履忱赠诗《送朱柏庐之洞庭》。先生作有《将赴洞庭故里诸公赠别次韵奉酬》。

康熙二十三年甲子(1684) 五十八岁

九月九日,主人请先生登莫厘峰,甫瞻、金生、子伟、文元、元功、序仙等陪同。先生作《登莫厘峰记》。

此年夏天,太湖东山人许致远前来拜见先生,先生为其所写诗集作序,是为《许致远诗文序》。

此年,先生读龙川先生中兴遗传,抄龙川先生文。

此年,先生作《祭廷尉李映碧先生文》《徐瞻明表兄寿序》《金卓庵六十寿序》《寿席母延太夫人序》。自洞庭东山归,先生作《梅圃记》。

康熙二十四年乙丑（1685） 五十九岁

九月，先生与医生何宗台相见，作《书赠何宗台扇》。

同月，先生为陆鸠峰作诗序。陆鸠峰，名燕喆，字大生，有诗集《七十二峰足征集》，共收诗三十三首。

此年，先生拜访止白上人，然后一起来到金甫瞻的住处，后作诗《怀止白和上》。

先生因为妻子陶端生病不能下乡收取田租，就派遣两个仆人前往收取。当时租米已经放入船中，船主在两个仆人不注意的时候突然把船开走了。

妻子陶端去世，先生撰写《先室陶氏事略》。世俗社会认为做佛事为冥福，然而对于死去的妻子，先生却不想做无益的花费，因不做佛事而积累了十两银子。

先生在杨家湾看樱桃，万颗朱实，掩映在绿叶中间，风日晴美，照耀如濯江蜀锦，这是先生从未见过的美景。

先生撰写《王不庵先生六十寿序》。王不庵先生姓王名炜，字不庵，后改名艮。

此年，题《吴南一泛湖图》，题《吴旅庵过庭图》，答甫瞻招听泉瀑诗。

此年先生学生王喆生充会试同考官。不久，王喆生乞假养母，十二月，他回到故里。

康熙二十五年丙寅（1686） 六十岁

一月，王喆生把日记送给先生审阅。先生阅览后作《书醇叔〈日记〉》。

四月，先生的及门弟子为他庆贺六十大寿。同宗和及门学生赠送寿金，共计大约三十两银子。

七月，作《与王醇叔书》。

七夕，作《诸儒讲义后序》。

中秋，患脾疾辍讲，有辍讲文。

十月，用所积累的四十两银子典买圆明村村民孔姓十二亩地作为祭田，为阳山族众所食用。

十二月，先生应盛逸斋的仲子盛琰的请求，为他的父亲作文祝寿，作《盛逸斋七十寿序》。

冬天，在洞庭东山作《熙庵席君墓志铭》。

此年，先生赠《徐子威六十寿序》。徐子威，名与岗，号整庵，又号伯鸣。他是府学增生，购置了数千卷的书籍，在家中校对，并认真阅读，在书旁批注，朱黄烂然。据朱柏庐先生《毋欺录》，他还曾拿出五十两银子帮助父亲偿还赋税。

此年，有感于顾仲庄一生苦志，在其七十大寿来临之时，先生作《寿顾仲庄七十》。

此年，应常熟许本黄的请求为其父许希侠撰写墓志铭，作《许希侠先生墓志铭》。许希侠，名士俭，苏州府常熟县人，明朝诸生，因不剃发被杀。

此年，为寄托自己的哀思，先生作《祭叶二泉文》。叶奕苞，字九来，号二泉，昆山人。他出身名门望族，家业富有，才华出众。

此年，先生谒清远先生祠，这是归孝廉读书的地方，孝廉名季思，号子慕。

此年，朱柏庐先生有讲学的约请，经常到场的有魏光士、王素严、毛云翼、董观三等四五个人。先生别立讲约的目的，主要是阐发经史。

康熙二十六年丁卯（1687） 六十一岁

二月三日，在学生席朝宗及其昆仲辈的陪同下，先生与儿子朱导诚到洞庭丰圻看梅花，作《观梅小记》。

三月，先生与朋友先后游览雨花台、卧佛寺、莫厘峰等处，作《春游记》。

四月，先生作《听松图后记》。

十二月，先生作《盛逸斋七十寿序》。

此年，陶琰长子陶甄去世。先生阅《绥寇纪略》，题西庄陈先生画梅册，作《山居读书诗》。

此年，先生同席献臣、席朝宗到关公庙拜访客人，庙中主持月禅也出来会晤。

此年，先生学生王喆生写信给巡抚赵世麟指陈田赋利弊。

康熙二十七年戊辰（1688） 六十二岁

二月到三月之间，朱氏家族重修状元朱希周的祠堂。

春天，先生写信给徐俟斋，感谢他所写的《竹杖铭》；因徐与乔七十大寿，先生赠《徐退山七十寿序》。

十月，先生乘船前往仰慕已久的洞庭西山岛游览，步行到达西山岛南端的石公山。先生归来作《游西洞庭山记》。

先生的学生董观三、吕德焕到洞庭东山看望，先登莫厘山，再登西金山。先生作《游西金山小记》。

此年，弟子吕德焕、席朝宗等欲石刻孝经，先生作《石刻孝经跋》。

康熙二十八年己巳（1689） 六十三岁

为了挽回世道人心，先生主张脚踏实地，从日常行为做起，以普通百姓为施教对象。

康熙二十九年庚午（1690） 六十四岁

正月十五日，先生在小有堂释菜，吃过午饭后，为学生讲《论语》。

此年秋天，先生学生董观三成举人。

十一月，作《病中与诸生书》。

先生来到大树书屋，讲通书四章。下午，先生听诸位学生讲四子书，各抒己见，相互论证，看到学生们如此用功，先生心里十分快乐。

康熙三十年辛未（1691） 六十五岁

顾世醇受业于先生，八月，先生应其所请作《顾君子雅暨配徐孺人墓志铭》。

此年，先生学生叶宏绶中进士。

康熙三十一年壬申（1692） 六十六岁

十二月望日，先生在相在书屋作有《题顾元放画扇》。

此年，王景献跟随先生学习。

康熙三十二年癸酉（1693） 六十七岁

先生学生王喆生参与募修启圣祠，重新疏浚泮池。

康熙三十三年甲戌（1694） 六十八岁

先生的好友徐季重去世。徐季重，名开任，为诸生时即有文略。明朝灭亡后，闭门著书。他的著作有《明名臣言行录》九十五卷、《六经通论》八十卷、《愚谷诗文集》八卷、《逸民传》六卷、《愚谷诗稿》。

康熙三十四年乙亥（1695） 六十九岁

此年，王景献的学习结束。

康熙三十五年丙子（1696） 七十岁

十一月十二日，先生的老师夏永言去世，先生作《祭夏师文》表示怀念。

此年，先生患有多种疾病，病情不断加剧。

此年，先生为妻兄陶甄的遗像题写《甓斋陶表兄像赞》。

康熙三十六年丁丑（1697） 七十一岁

四月，昆山试院发生火灾。

此年，先生作《董绣衣暨配蒋孺人七十寿序》；应顾文康公七世孙顾维桢的请求，先生在读过顾文康公家书后，非常感动，作《题顾文康公家书后》。

康熙三十七年戊寅(1698)四月初七(5月16日) 七十二岁

四月初七,先生在家中病逝。临终前,叮嘱他的学生:"学问在性命,事业在忠孝,勉之。"

十月,先生被埋葬于阳山祖茔。目前,该墓在苏州市高新区浒墅关镇阳山。

参考书目

[1] 朱用纯. 朱柏庐诗文选. 江苏古籍出版社2002年版.

[2] 朱用纯. 朱柏庐先生大学讲义. 徐椿抄本.

[3] 朱用纯. 朱柏庐先生大学讲义、中庸讲义. 清乾隆刻本.

[4] 朱用纯. 朱柏庐先生大学讲义、中庸讲义. 江苏书局, 清光绪二年（1876）刻本.

[5] 朱用纯. 柏庐外集. 昆山先哲遗书本, 1935年昆山图书馆出版.

[6] 朱用纯. 柏庐外集. 津河广仁堂刻本, 清光绪八年（1882）.

[7] 朱用纯. 愧讷集. 津河广仁堂刻本, 清光绪八年（1882）.

[8] 朱用纯. 愧讷集. 民国十八年（1929）昆山保管祠产委员会出版.

[9] 朱用纯. 《朱柏庐先生愧讷集》附载. 清康熙刻本.

[10] 朱用纯. 毋欺录. 清道光二十二年（1842）刻本。上海图书馆藏.

[11] 朱用纯. 毋欺录. 潘道根编辑, 清同治八年（1869）石印本.

[12] 朱用纯. 毋欺录. 虞山顾氏编辑, 清同治十三年（1874）刻本.

[13] 朱用纯. 无欺录. 光绪二十六年（1900）玉山书院刻本.

[14] 朱用纯. 绘图增注朱子治家格言. 上海昌文书局.

［15］朱用纯.朱柏庐先生治家格言.民国六年（1917）石印本.

［16］朱用纯.治家格言.上海求古斋书帖社.

［17］朱用纯.治家良法.民国十五年（1926）铅印本.

［18］戴翊清.治家格言绎义.民国三年（1914）刻本.

［19］徐乾学.传是楼书目.《续修四库全书》史部，第920册第636页，上海古籍出版社2003年版.

［20］朱用纯原著、金吴澜补编.朱柏庐先生编年毋欺录.光绪六年（1880）刻本，北京图书馆藏珍本年谱丛刊第77册.

［21］张潜之、潘道根.国朝昆山诗存.道光二十八年（1848）读易楼刻本.

［22］徐崧、张大纯.百城烟水.康熙二十九年（1690）刻本.

［23］王维德.林屋民风.康熙五十二年（1713）凤梧楼刻本.

［24］吴定璋.七十二峰足征集.乾隆十年（1745）依缘园刻本.

［25］许培基、叶瑞宝.江苏艺文志·苏州卷.江苏人民出版社1996年版.

［26］谢正光.明遗民传记索引.上海古籍出版社1992年版.

［27］谢正光、范金民.明遗民录汇集.南京大学出版社1995年版.

［28］葛芝.卧龙山人集.《四库禁毁丛书》集部第33册，北京出版社1998年版.

［29］徐枋.居易堂集.《续修四库全书》集部，第1404册，上海古籍出版社，2003年版.

［30］叶奕苞.经锄堂诗稿.《四库禁毁丛书》集部第147册，北京出版社1998年版.

［31］王喆生.素岩文稿.《四库全书存目丛书》集部第253册，齐鲁书社1997年版.

［32］王喆生.懿言日录.《四库全书存目丛书》子部第95册，齐鲁书社1997年版.

［33］王喆生.乙丑礼闱分校日记.《四库全书存目丛书》子部第95册,齐鲁书社1997年版.

［34］朱集瑛.观复堂稿略.光绪二十六年(1900)玉山书院刻本.

［35］葛芝.容膝居杂录.《四库全书存目丛书》子部第95册,齐鲁书社1997年版.

后 记

中国的传统文化特别重视道德的作用,《大学》说:"古之欲明明德于天下者,先治其国;欲治其国者,先齐其家;欲齐其家者,先修其身。"党的十八大报告强调把"立德树人"作为教育的根本任务,培养造就中国特色社会主义事业的建设者和接班人。将"立德树人"的定位置于"全面发展"之上。

尤其是在2015年,中纪委网站"中国传统中的家规"专栏推荐了江苏昆山朱柏庐,专栏介绍了朱柏庐一生拥有的爱国情怀及其严于律己、治家治学思想。

2010年,我曾经写过《治家天下——朱柏庐传》一书,但当时学识浅薄,书中存在不少谬误。今年,我认真校对,改正了不少错误;同时,又增加了一些新的研究成果。

朱柏庐先生是昆山三贤之一,他的身上可以学到许多非常有用的东西。希望能够通过这本书起到抛砖引玉的作用,把对朱柏庐先生的研究进一步推进。

书中肯定存在不少谬误,敬祈专家与读者批评指正!

王广成

2017年3月28日